増補改訂版

哲学の舞台

ミシェル・フーコー＋渡辺守章

朝日出版社

哲学の舞台

二人の共通の友人
モーリス・パンゲに

目次

第Ⅰ部

哲学の舞台　ミシェル・フーコー＋渡辺守章　9
狂気と社会　ミシェル・フーコー　57
性的なるものをめぐって――『知への意志』を読む　渡辺守章　71
〈性〉と権力　ミシェル・フーコー　109
政治の分析哲学――西洋世界における哲学者と権力　ミシェル・フーコー　137
旧版あとがき　168

第II部

快活な知　渡辺守章　173

襞にそって襞を――フーコーの肖像のために　渡辺守章　178

見ること、身体――フーコーの『マネ論』をめぐって　渡辺守章　212

今、フーコーを読むとは――解題に代えて　石田英敬＋渡辺守章　237

増補改訂版あとがき　284

第I部

能で言えば、この書物のシテはミシェル・フーコーであり、私はワキとして、シテに問いかけ、シテに語らしめる役を担っているにすぎない。いささか前後二段構成の複式夢幻能に似せて、前段はワキとシテの対話を中心にした部分であって、対談「哲学の舞台」と、過去の語りとも言うべき「狂気と社会」からなり、後段はシテ中心の場景であって、二つの講演「〈性〉と権力」および「政治の分析哲学――西洋世界における哲学者と権力」からなる。その間にはさまる間狂言も私が受け持ち、それが「性的なるものをめぐって」である。

　言わば、ワキ方の催す能会であるが、しかし答えが問いに、問いの言葉や問う態度、問いの前提とする土台や枠組といったものに、程度の差こそあれ条件づけられるものであってみれば、その限りで、問う者の責任はあろうし、また、答えによって引き出されるべき問いのなかには、まだ提出されていないものもあるのだから、これらの言説はあくまでも差し当たりのものだ。

　もっとも、複式夢幻能における過去への問いかけが、夢の中で、時の涯、記憶の極みから、闇を熔かして訪れる影たちの語り演ずる物語を通して、虚構の現在時の演戯となっているのに対し、フーコーの言説は、過去の地平に煌《きらめ》いている秘かな出来事を喚びさまし、それに問いかけ読み直すことにおいて、尖鋭に現在の出来事として立とうとする。

　その意味で、フーコーの言う〈哲学の舞台〉は、観客における複数の時間と複数の現実のただなかへと開かれ、そこに接続されることによってはじめて意味を持ち得る、一つの仮説＝仮設の舞台である。

渡辺守章

哲学の舞台

ミシェル・フーコー＋渡辺守章

これは、去る〔一九七八年〕四月二十二日の夜、約二時間にわたりフランス語で行なった対談のほぼ全訳である。刊行を前提としてフーコー氏と対談をするのは、八年前の最初の来日の折に、清水徹氏と共に「文学・狂気・社会」と題する座談会をしたのに続いて二度目である（この座談会はフーコー氏の了解を得て、『空間の神話学』朝日出版社、一九七八年に収録した）。

八年前とは異なり、最新著『知への意志』を除いてその著書はすべて邦訳があるのであるから、ここではできるだけフーコー氏の考え方や方法の〈枠組み〉とか〈系譜〉というものが、多面的に立ち現われるように努力したつもりである。

特に、氏が〈空間の歴史学〉に対する一貫した関心を語っている部分は、それと不可分の〈事件性〉に関する指摘と共に、その著作を読めば当然気のつくことでありながら、ともすれば、他の問題に幻惑されて、見過ごされることが多かったのではないか。私などがフーコーの著作に惹かれていた一つの動機も、このような新しい歴史学の探究にあった。

また、〈主体の解体〉の問題は、それが立ち現われたのが、まずは哲学的な反省や言説の地平においてではなく、ブランショ、バタイユ、クロソフスキーといった、フーコー氏の愛したある種の文学空間の体験においてであり、その体験が、マルクス主義をも含めてヘーゲル哲学のもつ呪縛を打ち破り、ニーチェとの出会いを可能にしたのだ、という告白も重要だと思われる。フランスにおける〈構造主義論争〉を輸入した我が国の活字ジャーナリズムによるいささか空しいレッテル貼りとは別のレベルで、日本における〈フーコー読み〉が、フーコーの言説の拠って立つ言語の地平に自らを置くことでフーコーを理解しようとした時、真先に関心を抱いたのが、これらの文学批評のテクストだったことも、この際思い出しておいてよいだろう。

なお、この〈主体の解体〉の前提となっている西洋世界における主体＝個人の成立が、実はデカルトを超えて、キリスト教の〈牧人＝司祭制〉という〈権力の技術〉に由来するという仮説は、「〈性〉と権力」ならびに「政治の分析哲学」の講演の主題をなすものであり、そこで詳しく語られている。

視線・闘い——知識人の役割

渡辺　フーコー氏は、かつては〈哲学者〉と呼ばれることを嫌っておられました。ヘーゲル以後、哲学者は主として大学制度の中で過去の哲学的知の祖述者となり、同時代の〈知〉の変革に積極的に関わることがなくなったから、というのがその理由であったように思います。しかし、単にコレージュ・ド・フランスの教授としての制度上の立場だけではなく、現代における〈知〉の変革の上でも、やはり氏を哲学者とお呼びすることは許されると思います。

ところで私のほうは、高等学校から大学の頃にかけて、ニーチェとかハイデッガーとか、あるいはサルトルなどに熱中したことはありますが、専門的には余り哲学とは縁がなく、自分の専門は演劇ないしフランス文学ですから、フーコー氏にお話を伺うのに必ずしも適していると は申せません。ただ、一九七〇年秋に来日された際にお知り合いになって以来、私がパリに行く度にお目にかかっておしゃべりをする間柄ですし、また、『性の歴史』の第一巻『知への意志』を訳していることもあって、いろいろとお話を伺う役を引き受けたわけです。

こういうわけで、私としてはこの対談が、〈哲学〉と〈演劇〉という二つの徴しのもとに行なわれれば有難いのです。この点については、実はフーコー氏ご自身が、二つの接点を示してくださっている。それは雑誌『批評《クリティック》』に掲載された「哲学の劇場」(« Theatrum Philosophicum ») と題する論文で、フーコー氏の親友であるジル・ドゥルーズの二著、『差異と反復』ならびに『意味の論理』についての大変興味深い書評です(一九七〇年十一月号、『パイデイア』十一号、竹内書店、一九七二年所収)。一方では〈事件〉と哲学の問題が論じられ、他方では、フロイトの〈ファンタスムの舞台〉とアルトーの〈残酷の演劇〉とが相知ることなく共鳴し合い、ニーチェの〈永劫回帰〉の地平が〈仮面〉と〈演戯〉の視座から語られる。そうした極めて密度の高い文章を、簡単に要約することはできません。しかし、その表題はそれ自体で、すでに様々な言説を、それらの集蔵庫である楽屋から、この〈哲学の舞台=劇場〉へと誘い出すだけの魅力を備えているように思います。

言い換えれば、演劇=演戯としての哲学。ドゥルーズ風に言えば〈擬態=模像《シミュラークル》〉と呼ぶべきでしょうが、それを呼び出す何枚続きかの鏡。それがミシェル・フーコーという名を冠している言説群の乱反射的な肖像を浮かび上がらせ、私達にはっきりとは見えていなかったようなその姿が見えるようになったなら、一応、私の役割は果たされたということになるのですが、はたしてうまくいきますかどうか……。

〈哲学〉と〈演劇〉とをこうして並置したのは、一つには今述べた論文の表題によって正当化されると考えたからです。しかし他方では、というかそれ以上に、フーコー氏の著作を読んだ者なら、誰でもそこに〈視線〉のテーマ系が、言説の構造化と不可分の形で恒常的に存在していること、そしてそれと深い関係において、〈演劇〉や〈舞台〉のテーマ系が言説を下から支えていることを知っている、という一つの事実があるからです。

たとえば、『臨床医学の誕生』には副題として「医学的視線の誕生」と書かれていましたし、『言葉と物』は、ベラスケスの『侍女達』への問いかけで始まっていた。さらに、『監獄の誕生』は、グレーヴ広場におけるダミヤンの八つ裂きの刑の客観的〈報告〉の、忠実であるだけに一層酸鼻を極めた〈演劇《スペクタークル》〉の再現で幕を開けている。しかも、この残忍な身体刑の演劇作法は、直ちに、この書物の主題をなす〈規律・矯正の仕組み〉の言説である「パリ少年感化院のための規律」の再録と対比される。後者は、死刑の一大典礼劇とはまさに対蹠《たいせき》的な、一種の〈反‐演劇〉をその原理としていた。

そこで、いささか衒学的な言い方で申し訳ありませんが、思い浮かぶのは、哲学という実践の中心にあった一つの語彙、すなわち«idea»は«eidō»〔見る〕という動詞に起源をもち、また演劇«théâtre»という語自体が«theaomai»〔見る〕という動詞に由来するとされていることです。

もちろん、この二つの作業では〈見る〉対象もその仕方も異なるわけでしょうが、ただ、いずれも〈視線〉の作業には違いなく、それが〈哲学〉と〈演劇〉という、通常は結びつかない――結びついた場合は思想劇などという演劇として最低とは言わないまでも余り有難くないものを産出するのですから、それはむしろ願い下げにするとして――一方は高貴で、他方は、特に日本では伝統的に制外者《にんがいもの》の所為とされていたような、卑しむべき呪われた営為という、通常は結びつかない二つの作業が、相呼応する場、〈橋掛かり〉にもなろうかと考えたからです。

そこで、まず話の糸口としてお伺いしたいのですが、あなたの言説のなかにコンスタントな構造化の要素として読まれる〈視線〉のテーマ系と、それと関連して繰り返し立ち現われる〈演劇〉のテーマ系とは、何に由来するのでしょうか。

フーコー　そのご質問は、たしかに極めて重要な問いだと思います。西洋世界では、哲学が演劇に関わりをもったことはほとんどない。少なくともプラトンが演劇を断罪して以来そうだったし、哲学と演劇との関係についての問いが、最も尖鋭な形で提出されるためには、結局のところニーチェを待たなければならなかった。

事実、西洋哲学の内部で演劇が無視されてきた事情と、視線についての問いを提出するある種のやり方とは、聞連づけられねばならないと思います。プラトン以来――そしてデカルト以後その傾向は一層顕著になるのですが――哲学上の最大の問題の一つは、ものを見るという事実は何に拠っているのかを知ること、というか、自分の見ているものが真実か幻影か、現実の領域に属しているのか虚偽の領域に属しているのかを知ることだった。現実のものと幻想のものを、真実と虚偽を分割すること、それが哲学の役割だったわけです。

ところで、演劇とは、このような区分を全く知らない何ものかです。演劇が現実か幻想か、真実か虚偽かを問うことは意味がない。このような問いを発するなら、それだけで演劇は消滅してしまう。事実と虚偽、現実と幻想の〈非差異〉を受け入れることこそ、演劇が機能するための条件なのです。私はあなたのように演劇の専門家ではないし、あなたがされたように演劇の問題を深く掘り下げたことはありませんが、しかし私の関心を強く惹き、かつ私がしたいと思っている一つのことは次のようなものです。すなわち、西洋世界の人間が、それが真実か否かという問いをついに提出することなく事物を見てきたその仕方を描写し、彼らが、彼ら自身で、己れの視線の遊戯＝働きによって、世界という演劇《スペクタークル》を上演したその仕方を描写することです。

そういうわけで、精神医学が真実か否かということは、私にはどうでもよい。いずれにせよ、私が提出する問いはそういう問いではない。医学の説くところが正しいか正しくないか、それは病人にとっては大問題だが（笑）、分析学者としての私には二の次の問題なのです。それに、真偽の分割をするだけの能力を私はもっていないのだし……。

そうではなくて、私の知りたいのは次のようなことです。すなわち、病気というものを、狂気を、犯罪を、人はどのように舞台にのせたかということであり、言い換えれば、人が病気や狂気や犯罪を、どのように見、どのように受け取り、それらにどのような価値を与え、どのような役割を演じさせたのか、ということなのです。つまり、私が書こうと思うのは、後になって人が、その舞台の上で真偽の分割を樹立するような、そういう〈舞台〉そのものの歴史なのであり、私の関心は真偽の分割にはなく、〈舞台〉と〈劇場〉の成立そのものにあると言えます。西洋世界が、どのようにして〈真理の劇場〉を、〈真理の舞台〉を、自らのために構築したか、つまり西洋的合理性のための舞台の構築そのものを問おうと思うのです。西洋文明はその政治的・経済的な力による世界支配という点ではすでに頂点を過ぎていますが、恐らく、この合理性の一形態だけは、他の世界に残すだろうと考えられるからです。真・偽の弁別の様態の一つであり、それは一つの演劇に他なりません。

渡辺　演劇との関連で申しますと、たとえば私がフーコー氏の書かれたものを読むときの楽しみは——バルトなら〈テクストの快楽〉と呼ぶでしょうが——それがやはり大変劇的な書かれ方をしている、という点にあると思います。文章的なレベルで、劇的な構成への絶えざる配慮があって、それが——この比較がお気に召さなければお許しいただきたいのですが——たとえば『監獄の誕生』にせよ、『性の歴史』の第一巻をなす『知への意志』にせよ、あるいは名著の誇れ高い『言葉と物』にしてもです、それを読むときの感動というか楽しみは、ラシーヌの政治的情念の悲劇『ブリタニキュス』のそれに通じるものだと思うのです。

フーコー　そんなに褒められては、私はどうしたらいいか分からない（笑）。それほどの名文家じゃありませんよ。

渡辺　いや、しかし、やっぱりミシェル・フーコーとは、最後の古典主義的大作家なのかもしれませんよ。ラシーヌ悲劇との比較は、必ずしも自分がラシーヌをやっているからという我田引水ではないので、恐らくあなたの〈権力の分析〉並びにそのための〈文章態《エクリチュール》〉に関する決定的な選択というものと、密接な関係があるのではないでしょうか。

たとえば、『アルク』誌の「頭のなかの危機」と題する特集——それははじめ「フーコー特集」として企画されたが、あなたが「特集」は埋葬に等しいとして断わられたという号ですが——あのなかに、最初はイタリアの雑誌に掲載されたというフォンタナによるインタビューがあります。

そのインタビューで、あなたは、〈事件〉を如何にして捉えるかという方法論的な問題に触れられ、「事件をはっきりさせ、事件が出現する網の目やレベルを他と区別して取り出し、事件を相互に結び、かつ相互的に事件が生み出されていくようにしている糸を再構成する」ためには、象徴体系の場や意味の構造ではなく、「力関係の系譜学と、戦略的・戦術的展開というタームでの分析」を企てねばならない。つまりそこで参考にすべきは、「言語と記号の偉大なモデル」ではなく、「戦争と闘いのそれ」だ。われわれを運び去り、われわれを決定する〈歴史性〉は好戦的なのであって、言語的ではない。〈意味の関係〉ではなく、〈権力の関係〉をこそ明らかにしなければならない、と言われています。

ところで、バルトが明らかにしたように、ラシーヌ悲劇とは、〈力関係〉の劇であり、しかも〈エロス〉つまり性の情念という、個人の最も内密な場に生起する運動を介しての〈権力〉の劇です。同じように政治といい権力といっても、コルネイユのあの崇高で道徳的な政治論議よりは、ラシーヌのあの情念と政治の絡み合いのほうに、私はフーコー的言説の系譜を求めることができるように思うのです。

それはともかくとして、西洋世界においては――日本でもあるレベルではそうですが――劇は常に〈戦闘〉の場であり、あなたも言われたように、〈力の衝突〉と〈戦略〉と〈戦術〉の空間でしたし、フランス古典主義演劇の最良の部分は、このような劇作術の精髄の体現だったわけで、それとあなたの分析と言説がある種の近親性を保っているのは当然なのではないでしょうか。

フーコー　あなたの指摘は全く正しいと思います。私は伝統的な意味で〈哲学者〉ではないし、全く〈哲学者〉ではないかもしれない。いずれにしても、よい〈哲学者〉でないことは確かで、私が関心をもつのは〈永遠なるもの〉、〈動かぬもの〉、外見の輝きの変化のもとに〈変わらずにいるもの〉ではない。私が関心をもつのは、〈事件〉です。

ところが、〈事件〉というものが哲学的範疇になったことはほとんどない。ストア派の場合だけが例外だったのかもしれない。それは〈事件〉が彼らに論理学上の問題を提出していたからです。ここでもやはりニーチェが、初めて哲学を、「現在生起している事柄を知るのに役立つ活動」として定義したのです。言い換えれば、一連の能動的な作用《プロセシュス》が、運動が、力が、われわれを貫いているが、しかしわれわれはその実態を知らずにいる。そして哲学者と呼ばれる人間の役割は、恐らく、そのような作用や運動や力の現下の状勢を診断することだ、というわけです。

「われわれは何者か?」という問いと、「今、何が起きているのか?」という問い。この二つの問いは、伝統的な哲学的問いである「魂とは何か」とか「永遠とは何か」とは大いに異なるのです。〈現在時〉の哲学であり、〈事件〉の哲学であるこの哲学は、演劇が対象としていたものを、哲学の角度から捉え返そうとするものだと言えます。というのも、演劇は常に〈事件〉を扱うものであり、しかも演劇の逆説は、まさにこの〈事件〉が繰り返されるということにあった。人が上演する限りそれは毎晩繰り返されるわけだし、その繰り返しが続く限り、際限のない時間の広がりのなかで、すでにあった現実の、あるいは虚構の事件が繰り返されていく。このようにして演劇は〈事件〉を捉え、それを舞台にのせる。

私の書物のなかでも、私は、過去に起きたことではあるが、われわれの現在にとって重要だと思われる〈事件〉を捉え返そうと努めています。たとえば〈狂気〉の場合、西洋世界においては、ある時点で、〈狂気〉と〈非‐狂気〉の分割が起きた。また別のある時点では、〈犯罪〉の力と、〈犯罪〉の提出する人間的問題とを捉える方法が出現した。これらの〈事件〉を、われわれはわれわれの現実において繰り返しているように思われます。私は、われわれがそのもとに生まれた時代の徴しのもとに、これらの〈事件〉を、つまり今なおわれわれを横切っているこれらの〈事件〉を、捉え返そうと企てているのです。

さっきのラシーヌとの比較は大変光栄ですが、しかし同時に、この点で生じる不都合な面も述べておかなければならないでしょう。つまり私としては、重大で劇的な〈事件〉だと主張するものが、実はそうではなかった、という類の過ちを常に犯しかねないからです。誰にも欠点はあるのですから、やろうと思っている事の長所と共に欠点もはっきりさせておかなくてはなりません。私の欠点は、恐らく、〈事件〉の劇的な強調にあるかもしれないと思っています。

しかしそれにもかかわらず、過去のなかで煌《きらめ》いており、現在もなおわれわれに影響をもっているような秘かな〈事件〉には、最大限の機会を与えることが、やはり重要だと考えるものです。

〈空間〉の歴史学

渡辺　今、「秘かな事件」とおっしゃったのは、非常に重要だと思います。特に現代のように、ジャーナリズムを場とするセンセーショナリズムが、〈事件〉のインフレーションを惹き起こしている時代では、〈事件性〉そのものへの不信感があるわけですが、あなたのおっしゃる〈事件性〉の強調は、それとは別のレベルで〈事件〉というものを捉え返そうとするものだからです。

ところで〈視線〉、〈舞台〉、〈劇〉、〈事件〉といったテーマ系は、不可避的にもう一つのテーマ系、つまり〈空間〉のそれと結びついています。すでに『臨床医学の誕生』の序文で、「この書物では空間と言語と死が問題になるだろう。また視線もそこでは問題になるはずだ」と述べておられる。いささか図式的な言い方を許していただければ、〈空間〉〈言語〉〈死〉〈視線〉というのは、あなたの分析と言説の一種の〈枠組み《パラダイム》〉を構成していて、〈死〉の項に〈狂気〉とか〈犯罪〉とか、あるいは〈エピステーメー〉とかが代入されていくという感じさえします。

このなかで、まず最初にその位置を与えられている〈空間〉は、これもまた演劇的テーマ系と密接なわけですが、あなたの分析と言説は、『監獄の誕生』まで、常にある特殊な〈閉ざされた空間〉の言わば生成構造を対象にしてこられたと思います。〈病院〉にせよ〈精神病院〉にせよ〈監獄〉にせよ、それらはいずれも、あなたの言う「巨大な排除のシステム」の作動によって成立する閉鎖的な、社会から切り離された空間でしたね。『狂気の歴史』において分析されている十七世紀におけるあの「一大監禁」の企ては、その典型だった。

あなたの分析は、昨日も東京大学教養学部でのセミナーでおっしゃっていたように、そのような〈封じ込め〉の制度そのものを必要としている〈権力〉の仕組みの分析へと進むわけですが、その前にちょっと立ちどまって、これも昨日、申しましたように、〈近代性〉の文学の決定的な体験をなす、マラルメのあの〈言語の切り離し〉のことに触れておきたいと思います。八年前の座談会であなたご自身も言われていたように、ヘルダーリン以後の〈狂気〉の徴しのもとにある文学では、詩の言語は〈もう一つの言葉〉、つまりマラルメ的に言えば、〈通貨〉として流通する言語からは截然《せつぜん》と切り離された〈本質的言語〉として屹立《きつりつ》するわけであり、それは何がしか社会的に排除され、切り離され、封じ込められた〈狂気〉の言語に似てくるのでした。ブランショを引きながらあなたが〈火の地帯〉と呼んだ〈近代性〉の文学の言語、それについてあなたが書かれたテクストが、日本ではまず少数の熱心な〈フーコー読み〉を生み、彼らはそれに魅せられて、あなたの哲学的・理論的分析についていった、という事情を思い起こしておきたいからです。

ところであなたの分析は、単にこのような閉鎖空間の内実の分析ではなく、そのような閉鎖空間の成立を、それが有効でないことを承知の上で〈制度〉として必要とする〈権力のメカニズム〉の分析へと繋げていくことにあった。その意味では、この閉ざされているが故に、ある意味では特権的でもある空間を舞台とする演劇が問題になっているのではなく、むしろそのような演劇そのものを演出する仕組み——劇場と言ってもよいかもしれない——が問題になっている。

『監獄の誕生』の冒頭は、この点で規範的な構成になっています。この対談の冒頭でも触れましたように、書物はグレーヴ広場におけるダミヤンの八つ裂き刑の、それこそ最も残酷でしかも細部まで典礼的に定められた〈身体刑の演劇〉の再現で始まり、それが突然、少年感化院の〈規則〉の引用に至る。一方には明らさまな演劇の誇示があり、他方には演劇性そのものの拒否がある。というか、この演劇性の拒否そのものが、たとえばベンサムの〈一望監視方式〉に窺えるように、演劇を権力装置に内在化させる手続きだと言えなくもない。いずれにせよ、そこでは、〈空間〉の配分そのものが、〈権力装置〉の戦略として捉えられているわけですね。

フーコー　その通りです。従来のフランス哲学を支配していたものに、一種の〈潜在的なベルクソン主義〉とでも呼ぶべきものがあった。ベルクソンの実際の仕事とは関係のない形でなのですが、その特徴は、時間の分析を特権視し、しかもそのためには、空間を、死んだ、凝固したものとして無視していく態度にあると言えます。

ところで、ここに、われわれの周りに強固に存在していたこういう形でのベルクソン哲学を理解するのに格好のエピソードがあります。それは、さる建築専門学校で講演を頼まれた時のことでした。建築専門学校だから〈空間〉が問題になるだろうと思って、われわれの社会における空間の分化の諸形態について話をしました。すると講演の後で発言を求めた人がいて、その人は余り知的能力が優れているとは思えなかったが、とにかく、烈しい口調で私を非難した。空間を論ずるとは、まさに資本主義の手先だ（笑）、空間が死んだもの、凝固した動かぬものであって、ブルジョワ社会が自分自身に課したものに他ならないことは、誰でも知っている。それはまさに、歴史の大きな運動を、弁証法を、革命のダイナミズムを無視するものだ、と（笑）。

つまり、ベルクソン哲学的に、時間を特権視し空間を切り捨てるという立場を利用して、極めて通俗的なマルクス主義的主張が展開されていたわけです。

このエピソード自体は取るに足らないものですが、しかし、ある種のヘーゲル哲学的・マルクス主義的歴史の概念が、どのようにベルクソン哲学的な時間の特権視＝空間の無視によって中継されているかを物語るものとして、お話ししたのです。

渡辺　ベンサムの『一望監視方式』の仏訳本の覆刻版に、序文としてつけられているあの座談会「権力の目」でお話しになっているのも、このエピソードですね。

フーコー　そうです。しかし私には、〈空間〉がどのようにして〈歴史〉の一部をなしていたかを理解するのは、重要なことだと思われる。如何にして一社会が己れの空間を整理し、そこに力の関係を書き込んでいったか、という問題です。

この点で、私の分析には何ら独創的なところはない。たとえば農業史の専門家は、空間の分配とは、権力の関係や経済関係を、一方では翻訳し、他方では支え、根づかせ、書き込んでいくやり方に他ならないということを示してきたからです。

私に重要だと思われたのは、工業化社会において、いや一般に、十六世紀以来発展してきた資本主義社会において、如何にして、新しい社会的空間秩序が、すなわち社会的・経済的に空間を配分する方法が成立したのかを見ることだった。結局のところ、一つの国家、文化、社会の歴史を、どのようにして空間の価値が決定され、分配されたか、そのやり方から書くことができると思うのです。

私にとって、このような社会的・歴史的な強い差異形成＝分化を顕現した最初の空間は、〈排除〉の空間、〈排除〉と〈監禁〉の空間でした。この点で、なんといっても奇妙な現象があります。

古代ギリシア・ローマの社会では——特にギリシアの社会では——誰かを厄介払いしようと思えば、追放した。それはギリシア悲劇がよく示しているところです。ということは、いつでも周囲には空間があった。いつでも、人を他の場所へ移す可能性があり、都市国家の側では認知していないか、少なくともそこに自分の掟や価値体系を及ぼそうとはしないような場所が常にあった。古代ギリシアは自立的な都市国家に分かれていたが、その周囲には、常に〈野蛮人《バルバロイ》〉がいた。つまり、ギリシアでは常に、空間と生の〈多形性《ポリモルフィー》〉と〈多義性《ポリヴァランス》〉とが生きていたのであり、〈外部《エクステリユール》〉と〈不定なるもの〉が周囲には存在していたわけです。

ところが現在では、世界は一杯になってしまった。地球は丸くなったのであり（笑）、あまつさえ人口過剰に悩んでいる。たとえば中世は、誰かを厄介払いする時には追放するというギリシア以来の方法を、長いこと踏襲してきた。中世において最も多く適用された刑は、追放の刑であったことを思い出しておかなければならないでしょう。「他処へ行ケ、モハヤ帰ルナ」というわけで、再びその地に戻って来ないようにと、焼ごてで烙印を押した。犯人についても同じことだったのです。

ところが十七世紀に入ると、人口がかなり増大し、もちろん現代の状態とは比較にならないとはいえ、人々はこの世界は一杯だと考え出した。十六世紀末から十七世紀初頭にかけては、国家だけではなくヨーロッパというものが、一つの政治的・経済的な実体となり出していくから、そのような国家やヨーロッパの内部での空間の組織が始まる。すると、誰かを厄介払いするために追放するというのは、もはや可能でも、また受け入れられるものでもなくなってしまう。そこで、〈排除の空間〉を、もはや〈追放〉の空間ではなく、〈監禁〉の空間として作り出す必要が生じたわけです。そこから、一連の空間的変化が生まれます。たとえば中世は、人が通常考えるのとは反対に、絶えず人間が動き廻っている時代だった。国境はなかったし、多くの人間が移動していた。僧侶、大学人、商人、時には、土地を失えば農民もまた移動した。〈大旅行〉は何も十六世紀になって始まったものではないのです。ところが西洋世界においては、十六、十七世紀になって、〈空間〉は安定し出す。それは、都市の編成、私有制の確立、監視方式の発達、道路網の拡充整備等と平行する現象であり、同時にまた、放浪者を逮捕し、貧乏人を監禁し、乞食を禁止したのです。こうして世界は固定化しますが、それは様々に異なる空間を制度として確立することによってのみ可能になった。つまり、病人、狂人、貧乏人の入るべき空間が定められ、金持の居住地、貧乏人の居住地、不健康な居住地等々が区別される。このような〈空間の分化〉は、われわれの歴史の一部をなすものであり、恐らく最も重要な要素の一つなのです。

渡辺　日本の場合だと、たとえば十七世紀に徳川幕府が成立してから行なわれた、劇場街と遊廓とが〈悪所〉として、都市のなかの周縁部に囲い込まれるというあの制度的処置をすぐ思い出しますが、事はそれに留まらないでしょうね。

ここで問題にしたいのは、西洋演劇の領域ですと、十九世紀末のクローデルから一九三〇年代のアルトーまで、いやそれどころか六〇年代の〈肉体の演劇〉まで、西洋演劇にとっての〈外部〉であるもの、たとえば東洋の演劇が及ぼした幻惑というものが認められると思います。言わば失われた始原を、西洋世界の〈外部〉の空間に求めようとする運動なのですが、その〈始原回帰型〉思考には批判の余地が大いにあるにしても、しかし、西洋世界にとっての外部の異質の空間を、そのようなものとして評価するという点では、単なる植民地主義の文化的形態とは異なるものがあったと思います。それから、このような地理的〈外部〉の幻惑とは別な形で、一九五〇年代から六〇年代にかけて、文芸批評の上でも人文諸科学の上でも、芸術的作業の上でも、いっせいに〈空間〉の問題意識が出現したということがあります。このことは、前にもこの雑誌に書いたことですが（「ハムレットの夜、または空間と舞台」『世界』一九七八年四月号）、たとえばブランショの『文学空間』（一九五五年）や、ゴダールの『気狂いピエロ』のなかの台詞、「空間は君臨する」を思い浮かべてもいいでしょう。先程お話しになった建築学校でのエピソードもこの頃のことのようですが、言わばそれまでの支配的テーマ系であった〈時間〉に代わって、〈空間〉が一斉に問題意識として浮上してきた。

〈構造主義〉と呼ばれる一連の言説が成立したのも、まさにこの時期でした。レヴィ＝ストロースの場合は典型的でしょうが、ヘーゲル的な、神学的・目的論的な時間から自分のフィールドと分析とを解放することは、自分の研究を成立させるために不可避的でもあり緊急でもある要請だった。それは西洋世界とは異質の、複数の空間を、それぞれ自立した価値として認めることを前提としていたわけです。

フーコー　全くその通りですね。〈構造主義〉と呼ばれるものは、構造主義としては、ごくわずかの思想家、民族学者、宗教史家、言語学者にしか存在しなかったのですが、それはともかく、当時〈構造主義〉と呼ばれたものは、まさに、ヘーゲル的な形での〈歴史の特権視〉からの解放、自由化、あるいは視座の移動によって特徴づけられています。

渡辺　しかし他方では、ヘーゲル的な歴史の特権視の拒否と、〈事件性〉の否定とは全く別なわけですね。

フーコー　全くその通りです。少なくとも私の場合は、ある仕方で、〈事件〉を出現させ、歴史的分析を企てることが問題なのです。私は「構造主義者で反歴史主義者だ」と言われましたが（笑）、私は構造主義とは何の関係もないし、それに私は歴史学者なのです。私は歴史研究のいささか特権的な対象として、ある種の文化空間の組織・調整によって成立するあれらの〈事件〉というものを選ぶ。少なくともそれが私の最初の分析の目的だった。

そこから混同が生じたので、日本ではどうなっているか知りませんが、フランスの批評家というのはいささか性急なので、人がそれについて語るものと、人が語っていることとを簡単に混同する（笑）。空間について語れば、それでもう〈空間中心主義者〉であり、歴史や時間を唾棄すると思われるのに充分なので、馬鹿げた話です。

渡辺　日本にも、かなり早くからそういう解釈は伝わって来たようですよ。

フーコー　それはともかくとして、五〇年代の末に、歴史を研究するある種のやり方から脱却しようとする立場があったことは事実です。歴史を拒否したり、歴史学者を批判したりするためでは全くない。そうではなくて、歴史を別のやり方で研究するためです。たとえばバルトの場合も、あれは一種の歴史であり、一種の歴史研究家だと言えます。

　ところがここで面白いのは、こういう一連の作業が、哲学者によって歴史研究だとは見做されなかったにもかかわらず、歴史学者のほうは見間違わなかったという点です。彼らはわれわれの仕事を、また構造主義を自称する人々の仕事を、歴史研究だと受け取って、そのようなものとして評価し、あるいは批判したのです。

渡辺　あなたが、フェルナン・ブローデルの地中海世界に関する研究を非常に高く評価していることは、よく知られていると思います。

フーコー　ブローデルはもちろんですが、『年鑑《アナル》』誌に拠った歴史学者の重要な人々のほとんどすべてが――たとえばブロックにおける田園空間のように――〈空間〉に関心を抱いた。

また構造主義の関係で重要なもう一つのことは、構造主義と呼ばれた作業が、相異なる多様な時間を出現させた、という点です。ヘーゲルやベルクソンにおけるように、唯一つの時間が、すべてを運ぶ大きな潮流のようにして存在するわけではない。様々に異なる歴史が重層的に存在しているのです。この点でブローデルは大変興味深い分析をしており、長期にわたって安定している要素に対し、突然動き出す要素があり、最終的には事件が起きるが、その価値も結果もまた異なるものだとするのです。言わば時間の内部で、「尺度の長い時間」や「尺度の短い時間」が共存しており、そのような複数の時間の一見偶発的に見える作用を分析しなければならないというわけです。

渡辺　これは偶然なのか必然なのか分かりませんが、今問題になっているような〈空間〉の問題意識が顕在化したのは、歴史的に言って、フランスの海外植民地支配の終焉の時期と重なっているのではありませんか。

フーコー　それは言われてみるとその通りですね。私は気がつかなかったが、恐らくこの二つは関連づけることができるでしょうね。

第一には、ヨーロッパの空間だけが本来的な空間ではなく、一連の多形的な空間があるという自覚。第二には、唯一つの歴史があるのではなく、幾つもの歴史、幾つもの持続、幾つもの時間が存在するのであり、それらが複雑に絡み合い、交叉する、そしてまさにこの交叉から

〈事件〉が形成されるという自覚です。〈事件〉とは、〈時間の線分〉ではなく、二つの持続、二つの速度、二つの進展、二つの歴史の線の間の交叉点に他ならないのです。

渡辺　結局のところ植民地支配とは、唯一の時間のオプセッションを、同質であるべき空間に書き込むことに他ならなかったのでしょう。

フーコー　そうですね。だから、私の歴史分析の対象は、言うならば、ヨーロッパの空間の内部での帝国主義＝植民地主義なのです。どのようにして、ある個人あるいは個人の範疇が、彼らの支配を確立し、どのようにして、近代西洋社会を機能させるに至ったか、という問題です。

この点については、前々から私の関心を強く惹いていて、私の研究を導く手がかりのような役割を果たしているにもかかわらず、まだ厳密に研究したことのない一つの例があります。それは〈軍隊〉です。ヨーロッパは近代以前は、軍事国家として成立していたことはない。封建制は、厳密に言えば軍事組織ではなく、複雑な法的体制であり、そのなかで、ある種の範疇の人間が、時として、戦争をするだけなのです。如何にも彼らの特権的な機能は戦争をすることにあったが、彼ら自身は軍人ではなかった。社会もまた、一つの大きな軍隊として、軍隊をモデルにして組織されてはいなかった。たとえばローマ帝国における〈軍団〉組織のようなもの――それはローマの植民地形成の空間的モデルにさえなるのですが――そういうものは存在しなかった。封建制の空間組織は、仮にその中心人物、つまり支配者が同時に戦士であったとしても、決して軍隊として組織されてはいなかったのです。十七世紀以前には、恒常的な軍隊というものも存在せず、兵士は常に臨時に雇われてきた農民などであり、戦争が終われば、いや一つの合戦が終われば、自分の家に帰ってしまう。こうして「戦争の時」と「平和の時」とは存在したが、〈軍隊空間〉というものは存在しなかった。

ところが十七世紀になると、常備軍が生まれる。それは第一に、駐屯地の設定と、第二には兵器——大砲や、特に銃器——の操作と、それに伴う陣営の構成や隊列の配置・移動等の戦術の考察・考案とを要求した。つまり、軍隊の二重の〈空間化〉が生じたわけであり、領土内の軍隊の配置と、作戦上の空間配置とが共に厳密な考察の対象となって、そこから軍隊の規律というものも生まれてきた。

そして軍隊は一つの〈空間的モデル〉になった。たとえば、陣営の格子縞型分割は、〈都市〉のモデルとなってルネサンス時代のイタリアに現われ、次いで十七世紀にはスウェーデンやドイツにも出現する。十七世紀、特に十八世紀の国家計画には、社会全体を軍隊モデルにして構成しようという誘惑が非常に強かったし、また、ナポレオン帝国やプロイセン国家も、そのような表現の典型なのだった。

これは、〈空間の歴史〉の問題の一つの例にすぎません。

言説と身体と権力と

渡辺　『監獄の誕生』についてドゥルーズが『批評《クリティック》』誌（一九七五年十二月号）に書いた大変興味深い論文がありますね。その表題は「作家ではない。新しい地図製作者《カルトグラフ》だ」というものですが、そのなかでドゥルーズは、『知の考古学』に対して『監獄の誕生』が先へ進んだ点は、次のことにあるとしています。すなわち、前者の標榜する〈言表＝言われたこと《エノンセ》〉の分析に必要であったはずの、〈言表〉が結びついている空間、その土台、それが現われる表面というもの――それらは言語の境界にあるわけですが――それが〈図表《ディアグラム》〉という形で明確化されたことだと。つまり同時代の支配的な〈言表《エノンセ》〉だけではなく、同時代になされていたこととの関係で、それが再現・分析されていく……。

フーコー　そうですね。私の最初の目標は〈科学史〉だった。この問題は現象学者には問題にもされなかったので、サルトルにも、メルロ＝ポンティにおいてさえも、科学的知の形成の分析は見出されなかった。これは批判ではなく、ただ事実として言っているだけですよ。

他方、私は、科学史の専門家カンギレムの弟子であったので、私の問題は、一科学の誕生と発展と組織化を、その内的構造化からではなく、その支えとなった外在的・歴史的要素から出発して研究する、そういう科学史は不可能だろうかという問いでした。

そういうわけで、私はある時期まで、科学的言説の内的分析と、その展開の外在的条件の分析との間で揺れ動いたのです。『狂気の歴史』では、精神病理学がどのように発展したか、どのようなテーマを取り上げ、どのような対象を扱い、どのような概念を用いたかを明らかにしようとすると同時に、それが行なわれた地盤というもの、すなわち〈監禁〉の実践、十七世紀における社会的・経済的条件の変化をも捉え返そうとした。『言葉と物』では、科学的言説そのものの問題を再び取り上げましたが、今度はそのような言説が演じられる歴史的コンテクストは無視してそれを行なった。その分析は、本質的には、まさに〈言われたこと〉の分析であり、〈言われたこと〉の形成の分析だった。

しかし、これとは違うもう一つの分野があり、それが中断されていることをしばしば人は批判したし、私自身もそれは自覚していました。すなわち、科学的言説の存在、機能、発展にとって外在的条件となるものの分析です。ただ、当時受け入れられていた説明の仕方が私を満足させなかったのです。つまり、それらをすべて、生産関係や支配的イデオロギーへと送り返すことで説明するというやり方です。狂気や病気、精神病理学や医学の例が私に示しているように思えたのは、むしろ一社会内における〈権力の関係〉の側にこそ、〈知〉の組織化や発展の拠点を求めるべきだ、ということでした。こういうすべてのことは――私は長い時間をかけて考えるたちなので――捉え返すのに暇がかかったわけです。しかし最終的には、〈知〉と〈権力〉の関係の側面から、この真理の舞台化、この真理の演劇の歴史を書かなければならないと考えるに至ったのです。何が、このような真理の歴史を舞台にかけたか。私の考えでは、〈権力〉――といっても国家権力という意味ではないのですよ――〈権力の関係〉が、もちろんそれは経済的関係、生産関係と密接に結びついているが、〈権力の関係〉こそが、このような西洋的合理性の演じられる演劇＝劇場を構成したのです。

渡辺　『性の歴史』の第一巻『知への意志』では、しばしば〈言表《エノンセ》〉と〈言説《ディスクール》〉とが区別されていますね。〈言説〉というのは、それが理論的な言説であっても、〈言われたこと〉以上の何かを前提とし、内包しているわけですね？

フーコー　そうです。私は、科学的言説の歴史を書こうとして、アングロ・サクソン系の分析哲学を研究したことがあります。その分析哲学は、〈言表《エノンセ》〉と〈言表行為《エノンシアシオン》〉について、一連の見事な分析をしていて、重要なものです。しかし私の問題は少し違っていた。私の問題は、どのようにして〈言表〉が形成されたか、どのような条件でそれが真実を語っているか、などということではなかった。私の問題は、〈言表〉よりはもっと大きな単位を対象とすることであり、それは不可避的に分析の厳密さにおいていささか劣ることにもなるのですが、つまり、どのようにしてある型の〈言説〉が形成されるのか、またどのようにして、その言説の内部に作動する一連の規則があるのか、それを知ることだった。しかもこの規則というのは、〈言表《エノンセ》〉がそれに従って形成されなければ、もはやその型の〈言説〉には属さないと見做されるほどはっきりしたものなのです。

　非常に簡単な例を取りましょう。十八世紀末まで、フランスにおいては、いかさま治療師の言説と医者の言説とには、さしたる差はなかった。差は、うまくいくかいかないか、勉強したことがあるかないかであり、彼らの言っていることの性質は大して違っていなかった。ところが、ある時点からは、医学的言説はある〈規準〉に従って構成されることになり、たちまちに、それを口にする人物が上手な医者か下手な医者かは分からぬにしても、医者なのかいかさま治療師なのかは分かってしまうようになる。彼らの語ることは同じ事柄ではなくなるし、彼らが支えを見出す因果関係も、彼らの用いる概念も同じものではなくなるのです。一つのはっきりした分割が起きたわけです。したがって、医学的言説が科学的言説として認められるためには、何について語り、どのような概念を用い、どのような理論を背景にもたねばならなかったのか、それを知るのが、『言葉と物』と『知の考古学』の時点での私の問題だったわけです。

渡辺　初め〈空間〉と〈権力〉について伺い、それから〈言説〉と〈権力〉について伺ったわけですが、この二つの関係のそれぞれの項の間に、いずれも〈身体〉の問題が介入してくると思います。一方では六〇年代後半からの〈肉体の演劇〉における〈身体〉の復権という現象は、洋の東西を問わない支配的現象でしたし、またそこには、やはり洋の東西を問わず、西洋的理性中心主義への戦略的反命題として〈身体〉の復権が叫ばれていた。しかも、日本の場合は、同時に文化の伝統的な位相には、〈身体的知〉への信仰がなお強固に残っていたし、それが〈近代化〉という十九世紀西洋社会をモデルにした国家的変革の歪みに対する、やはり戦略的反命題として主張されたわけです。

このことは、あなたとも何回か話をしたので詳しくは述べませんが、しかし、日本の伝統的文化における〈身体的知〉の身体による伝承という伝統は、たとえば軍閥ファシズムの体制における〈規律・矯正〉の暴力装置に精神的な根拠を与え、かつその重要な部品としても機能していたのではないかと思います。つまり、〈身体的知〉への幻惑を覚えつつも、このような〈権力装置〉の内部での〈身体の政治的テクノロジー〉とあなたが呼ぶものが、〈身体的知〉を逆用した精神的・政治的野蛮であっただけに、われわれのなかでは、〈身体〉への両義的な感情が一層尖鋭化され、それが〈肉体の演劇〉の成功を支えてもいたと言えるのではないかと考えています。

ところで、あなたの著作のなかでは、〈身体〉は、たとえば『狂気の歴史』以来、常にそこにあったわけであり、〈狂人〉の大監禁は、狂人の身体を閉じ込めることに他ならなかったのですからね。病院の問題でもそうでしょう。しかし、敢えて言えば、そこでは〈身体〉はページの透かし絵のように存在していた、あるいは一種の虚焦点のように作用していたので、〈身体〉が〈身体〉として真正面から取り上げられるには、『監獄の誕生』を待たねばならなかったのではありませんか。

フーコー　それはその通りです。西洋世界の政治と経済の歴史のみならず、形而上学と哲学の歴史の上でも、一つの重要な事実があったように私には思われます。それを私がどうやって発見したかというと、まさに、前に述べたように、〈権力の関係〉から人文諸科学の歴史を書こうとした時のことなのです。如何にして西洋社会においては、人間が、単に不安の対象であるばかりでなく――それは伝統的に存在した問題です――科学の対象となったのか、つまり、人間は何者であり、何からできており、どのように行動するのか等々を知ることを特別に使命とする科学が生まれたのは、どのようにしてなのか、という問題なのです。しかしどのような方向でそれを探したらよいのか。

そこに、〈空間〉の問題が介入してきて、それが一つの鍵になるのではないかと思われたのです。封建制社会においても、個人の身体は重要です。しかし、その身体に、どのように政治的・経済的・宗教的権力が働きかけていたのか？　私には三つのやり方があったように思う。第一には、臣下の身体に対し、それが徴し《シーニュ》を提出し、産出し、循環させることを要求することによってです。すなわち、尊敬の徴し、信仰の徴し、隷属・服従の徴し等がそれであり、これらの徴しは、仕草によっても、衣服によっても示される。第二には、権力が臣下の身体に対して、死をも含んだ暴力を振うことによってです。もちろん、いつ何時でも勝手にその暴力が振えるわけではなく、そこには一定の規則があるが、とにかく、生殺与奪の権は君主の主権の徴しの一部をなしていた。第三には、労働を課することによってでした。

しかしこれ以外のこととなると、封建社会の権力は無関心だった。つまり人々が健康であるかないか、子供が生まれるかどうかには無関心であったし、なかんずく、人々が生活し、行動し、労働するその仕方については無関心だったのです。

反対に、十七世紀以降、西洋社会においては、個人をその身体的行動において、監視し調教するための一連の技術が発達していくのです。学校の場合は非常に明らかです。以前は、学校とは何だったか。それは人々にある種の事柄を教えるところだった。十九世紀初頭まではそういう形が残っていたのですが、生徒は先生を囲んでひしめきあい、先生の言葉を聞いているものだった。ところが、十八世紀から十九世紀にかけて、人々に態度や振舞いを教え込む一連の技術が発達し、学校は同時に身体的訓練＝調教の場となっていくのです。生徒はきちんと列をなして坐り、教師に生徒のしていることがよく見えるような仕組みに変わっていく。軍隊も同じことです。昔は弓が引ければよかった。労働者も同じで、かつては職人の伝統があったが、それがある時、ベルト・コンベアーによる流れ作業のテロリズムにとって代わられた。

話を簡単にしすぎたかもしれませんが、とにかく十七世紀以来、政治的、経済的、文化的権力は、身体というものに、全く新しい角度から関心を抱くようになった。調教としての身体訓練と、不断の監視・監督と、性能の強化という観点がそれなのです。ますます多くのことを、ますます短い時間に速く実現できなければいけない。この〈身体の生産性〉の促進こそは、人文諸科学――心理学とか、社会学とか――が発展するための歴史的条件だったと考えられます。精神病理学は、この〈身体のテクノロジー〉の一面に他ならず、一般に現代医学もその一面なのです。

このような身体の評価、それは決して精神的なものではなく、政治的・経済的なレベルでの現象でしたが、それは、西洋世界の特徴の一つをなすと言えます。しかも実に奇妙なことには、このような身体の政治的・経済的評価、重視は、身体に対してますます極端になる精神的な蔑視と平行していたということです。身体は取るに足らぬものであり、悪であり、隠すべきもの、恥ずべきものだとする。こうして、十九世紀のヴィクトリア朝時代には、事態は一つの決定的分裂に達し、それが個人的な、あるいは集団的・文化的なレベルでの多くの心理的錯乱の源となるのだと思われます。つまり、経済的には過大に評価された身体と、精神的=道徳的には蔑視された身体との分裂なのです。

渡辺　昨日、東京大学教養学部での研究会でお話しになったように、身体や性についての否定的な態度は、なにもキリスト教が発明したものではなく、すでにストア派哲学に代弁されるような形で、ローマ帝国内に浸透していた。キリスト教は、むしろ〈身体〉と〈性〉とを対象とする一つの〈権力の技術〉を、あなたが〈牧人＝司祭型権力〉と呼ぶものを導入したのだ、ということになるわけですね。

フーコー　その通りです。

渡辺　今、学校のことをお話しになったので、一つのイメージが頭に浮かびましたが、それはヴェデキントの『春の目覚め』で、オデオン座で観た舞台です。あの学寮は、『知への意志』で語られているドイツの〈博愛学寮《フィラントロピスム》〉の悲劇的カリカチュアのようなものなのですね？

フーコー　まさにそうです。ドイツ演劇には、余りよく知られていない系譜ですが、〈教育物〉とでも言ったらいい、学校を舞台にする一連の作品があります。レンツの『家庭教師』は、直接に博愛学寮《フィラントロピスム》に結びついていた。十八世紀末の教育上の実験をもとに、レンツはこの芝居を書いたのですが、フランスで上演した演出家は、この間の事情が全く分かっていなかった。それは、教育改革という当時の時局的な問題に直結した作品だったのです。で、ヴェデキントの『春の目覚め』も、一世紀後に、同じように教育の問題を取り上げているわけです。

〈主体〉の解体――ニーチェの徴しのもとに

渡辺　レンツの名が出ましたので、十数年前レンツの『兵士』でデビューした若い演出家――今日はどうしても軍隊と規律の話になりますね（笑）――パトリシス・シェローの名前が浮かんできます。バイロイト祝祭劇場におけるシェロー＝ブーレーズの『ニーベルンクの指輪』四部作を、去年ご覧になったということなので、是非そのお話を伺いたいのですが……。ワーグナーと言えば、私の観たヴェデキントでもワーグナーが背景に鳴っていましたし、この対談も『神々の黄昏』へと収斂《しゅうれん》して、そろそろ終局へと突っ走る時刻になりました。しかしその前に、お差し支えがなければ、あなたのご友人のことを話していただけませんか。

この対談がその名を引くことで始まり、これまでも何回かその名前が話題となったジル・ドゥルーズとか、クロソフスキーとか、あるいは、バタイユ、ブランショのように、あなたのお書きになるものに常に現前している〈影＝分身〉のような重要な作家たちのこと。さらにはまた、『そして何と希望は烈しいのか』という回想録を書いたクロード・モーリヤックのことなど。

この回想録は、大変面白い本で、何かプライヴァシー侵犯すれすれのところで、現在あなたの周囲にいる友人達の政治的活動の実態を伝えてくれているのですが——移民労働者の不法逮捕の調査とか、例の「刑務所調査グループ」のこととか——あなたの政治的実践は大変なものだという印象を受けましたし。

フーコー　それでは友人達のことをお話ししましょう。もっとも友人を友人というものとして語るのではありませんが。というのも、私は多分古い世代に属する人間なので、友情というものが決定的に重要であると同時に神秘的でもあるような、そういう世代に属しているのです。正直のところ、友情の関係を、政治的集団、思想の流派、大学の同僚というようなものと重ねたり、そのなかに取り込んだりすることに、大いに困難を感ずるものです。友情の関係は、私にとって一種の秘密結社のようなものだからです。

しかし、表に見えている幾つかの点はあります。ドゥルーズは、私としては大変重要な人物だと思いますし、現代における最大の哲学者だと考えています。それに、ドゥルーズが攻撃の的となっているようなパリにおけるけちな論争の風土を想像していただかなければならないので、「哲学的劇場」の冒頭に書いたことも、「現在ではドゥルーズを理解しているのはほんの一塊りの人々だが、いつの日か、世の人々も——つまり « siècle » はキリスト教的な意味で、選良に対する一般人の考えの意です——ドゥルーズの重要さを理解するに至るであろう」という意味に他なりません。ドゥルーズと共に、クロソフスキー、バタイユ、ブランショは私にとって非常に重要であり、私は自分が、自分の書いたもののなかで、これらの人々から受けた影響を充分に認めていないのではないかと恐れています。それは忘恩の振舞いというよりは——ひょっとして私は、そうはありたくないと思いながらも恩知らずなのかもしれませんが——それよりは遥かに気が弱いからです。私としては、それらの人々の文学的、哲学的作品の偉大さに比べて、自分の書くものが如何に取るに足らぬかを充分に承知しているつもりですから、巻頭に「……に捧ぐ」などと書いて、自分の取るに足らぬ書物を如何にも価値があるように見せかけるために、これらの人々を自分を守ってくれる神格か何かのように呼び出すというのは、如何にも品の悪いことだと考えているからです。

ところが現在では、私が学生に会ったときなど、ブランショの名前を口にすると、「エエ？誰ナノ、ソノ人？」とくる……。

渡辺　本当ですか？　冗談じゃない！

フーコー　クロソフスキーは、まあ何とか少しは存在している。バタイユも同様。しかしいずれにしても、余りよくは知られていない。こういうわけですから、私も私以外の人々も、これらの人々から受けたものを、はっきり語って来なかったのがいけなかったのじゃないかと思い始めているのです。

というのも、これらの人々は皆、一九五〇年代に、次の三つのことをしてくれた最初の人々だった。すなわち、第一には、われわれが閉じこもっていたヘーゲル哲学の幻惑からわれわれを脱却させてくれたこと。第二には、〈主体〉(sujet) の問題を、哲学にとって、現代の思想にとって根本的な問題として立ち現われさせたのも、彼らが最初だったということ。言い換えれば、デカルトからサルトルまで、〈主体〉は根底的な何物かであるとは考えられてきたが、しかしそれは、人が手を触れないものであり、問題にされることのない事柄だった。そこから、ラカンが極めて明瞭に示したことの意味も分かるし、また逆に、サルトルがフロイト的な意味での無意識を決して認めようとしなかったことも分かるのです。すなわち、〈主体〉とは根底的で根源的な、初めにある形態などではなく、〈主体〉は幾つかの作用から形成されているのであり、その作用は〈主観性〉の次元のものではなく、名づけ、出現させるのは難しいが、いずれにせよ〈主観性〉というものよりはよほど根底的かつ根源的な、初めにある何物かなのだ、という考えなのです。主体は、生成と形成の過程をもち、歴史をもつのであり、初めにあるものではない。

ところで、このことは誰が言ったか。フロイトも言ったでしょうが、しかしそれが明確にされるには、ラカンを待たねばならなかった。ラカンの重要さはそこにあるわけです。

バタイユもある意味で、ブランショもその固有のやり方で、クロソフスキーもまた同様に、この〈主体〉という初めにあって自明の理とされるものを解体せしめたのです。そして、ある形の経験を出現させることによって、そのなかで、主体の解体、主体の消滅、主体の限界との出会い、その限界の外への主体の逸脱の運動によって、主体が、伝統的に哲学の説くような、はじめにあって自己充足的な形態などではないことを示したのです。

　このような〈主体〉の非根底的・非根源的性格こそ、構造主義者と呼ばれた人々に共通のものだった。それが先行世代にとって、極めて不愉快なことだったわけですが、ラカンの精神分析にせよ、レヴィ＝ストロースの構造主義にせよ、バルトの分析、アルチュセールの仕事、あるいは私の仕事にせよ、私達はすべてこの一点については意見が一致していた。すなわち、デカルト的な意味での〈主体〉、そこからすべてが生まれてくるような根源的な点としての〈主体〉から出発してはならない、ということでした。そして第三には、〈主体の解体〉を通じて、ニーチェへと導かれたことです。

渡辺　この対談を〈演劇〉の徴しのもとに置いたのは、必ずしも通常演じられている演劇を頭に置いていたからではなく、そこにはやはりニーチェの影が立ちはだかっていたからです。あなたのお書きになったニーチェ論「ニーチェ、系譜学、歴史」のなかでも、あるいはドゥルーズやクロソフスキーのニーチェ論のなかでも、ニーチェにおける〈演劇〉の問題は、常に前面に押し出されていましたから。

そこで、いよいよバイロイトにおけるシェロー＝ブーレーズの『ニーベルンクの指輪』四部作の新演出について、お話しいただきたいと思うのです。私自身も一昨年、つまり百年祭の折に観て大いに興奮したのですが、たしか、シェローのことは、前にもわれわれの話に出たことがあると思います。あれは、マリヴォーの『いさかい』を、ルソーからサドに至る十八世紀イデオローグ的な視座から新演出した画期的な上演でしたが、あの時、〈プロローグ〉を書いた人はお友達だとおっしゃっていましたね。『指輪』四部作の新演出にも協力していた、フランソワ・レニョーのことですか。

フーコー　そうです。フランソワ・レニョーがあの時の〈プロローグ〉を書いたのです。十年ぐらいのつきあいになりますがね。

渡辺　彼はたしか、クローデルの『交換』の新演出をしたアンヌ・デルベの兄さんでしたね。

フーコー　そうです。

渡辺　で、『指輪』のご感想はどうでしたか。

フーコー　ブーレーズは、私と同年ですし、二十二、三歳の頃から知っています。あれは音楽に大変興味をもっていた頃でした。それはともかく、バイロイトへ行ったのですが——もちろんブーレーズが招待してくれたからですけれども——シェローとブーレーズの仕事は、いろいろな意味で大変面白かった。

第一には、『指輪』の上演には、従来、常に西洋文化が演劇の価値に対して抱いてきた蔑視の態度がそのまま見られて、ワーグナー作品の音楽的次元のみを強調して、演劇的な部分を極力切りつめようとしてきた。ワーグナーを聴くが、ワーグナーを見ないのです。ヴィーラント・ワーグナーの見事な演出といえども、結局のところ、本質的にその機能は音楽を高揚することにあって、音楽にとっての一種の視覚的支えに留まっていた。ところが、その音楽というのは、空間的に言えば、ワーグナーは舞台の下の見えないところにあることを望んだのです。

渡辺　オペラと呼ぼうが「音楽劇」と呼ぼうが、それは〈演劇〉である以上、見えなきゃいけない。

フーコー　全くその通りです。音楽は舞台の下に置かれて、舞台から出て行かねばならず、舞台上には、登場人物が目に見える姿でいる。しかも、伝統的オペラのように、舞台と客席の間に、オーケストラが一種の幕のように存在するというのですらもない。

シェローはそれをよく理解し、演劇としての視点を主張したわけですが、ここで見事だと思ったのは、ブーレーズが——ブーレーズといえば、現代屈指の作曲家だし、大指揮者でしょう——この賭を、ルール通りやることを引き受けた、という点です。

第二には、十九世紀の〈反ヘーゲル主義者〉の問題で、ニーチェとかワーグナーとかは、彼らが西洋文化に姿を現わして以来、いささか曖昧な役割を演じてきたのです。それは、ヘーゲル哲学が余りにも左翼思想と結びついていたため、反ヘーゲルであるというのは右翼だ、とされてきた。もちろん、事態は変わってきているので、ニーチェはそういうものではないことぐらいは分かってきている。反ユダヤ的なことを書いたのは事実だとしてもです。ワーグナーもまた、ニーチェとの確執がどうであれ、単なる右翼思想家ではなく、本質的にはアナーキストだったと思う。シェローはこういうすべてのことを理解した上で、その演出ではワーグナーのテクストそのものに立ち帰ることを可能にしたのです。ワーグナーのテクストは、その演劇は、単に音楽の支えであるような、いささか退行的な神話的朗誦などというものとは違う。それは重要な劇なのであり、歴史的な意味をもつ劇なのです。それをシェローは見事に舞台上に示した。

そして第三には、ワーグナーは、ショーペンハウワーやニーチェと並んで、〈主体〉の問題をデカルト的ではない観点から提出した数少ない人物の一人だということです。すなわち、彼は〈主体〉の西洋的概念が、やはり極めて限界のあるものであって、思考にとって無条件な根拠の役はなさないということを見てとろうとした。それが東洋との出会いだった。ヨーロッパ的な主体＝主観性の解体、われわれの文化が幾世紀にもわたってわれわれに課してきた強制的桎梏《しっこく》である主体＝主観性の解体、それは現代における闘争の一つの目標でもあるのです。私が禅に関心をもつのも、別に私が初めてというわけではないのは分かっていますが、このようなコンテクストのなかでのことなのです。

渡辺　なんでも禅宗の寺に籠られるという話ですが、やはり、日本の宗教的実践における〈身体〉の問題があるからですか。

フーコー　私が今行なっている西洋世界における〈権力の技術〉、つまり〈身体〉並びに〈個人〉を対象とする〈権力の技術〉の分析を通じて、私は、キリスト教の規律というものに、一般に西洋における〈個人性〉と〈主体＝主観性〉を形成したものとしてのキリスト教に、重要な役割を与えることになってしまったわけですが、そこで私としては、このようなキリスト教の技術を仏教の技術と比較できたらと思うわけです。というのも結局のところ、キリスト教の修道生活は、仏教のそれのほとんど引き写しなので、出発点は非常に近いもののはずが、その結果は全く異なる。仏教の修道生活は〈非個人化〉を目指すものであり、個人性というものをその限界へともたらし、その限界の先で、自己からの解放を企てるものだからです。

したがって、第一には、このような二つの、出発点においてはよく似た技術――禁欲生活とか瞑想とか――からどのようにして異なる結果が生まれてきたのか、そこには当然異なる技術があったのだろうということを見ることです。第二には、日本や極東で、今私が扱っているような問題に関心をもつ方がいるならば、お互いに意見を交換しつつ研究を進めていきたいと願うからです。

視座の転換——知識人の役割

渡辺　日本では〈主体の解体〉というのは、西洋文学の前衛的言説の内部で言われているだけで、思想と呼ばれる領域では、相変わらず、近代化＝西洋化の要請の地平に立つ〈主体化〉の問題が主導的ではないかと思います。その意味で、あなたの提出された問題は、決して他人事ではないと同時に、キリスト教の伝統のないこの国の場合は、その固有の力関係の作用が分析されなければならないと思います。

ところで、東京大学の講演の冒頭で、あなたは、十九世紀における〈性〉に関する二重の現象、すなわち〈ヒステリー〉として現われる〈自己の欲望の認知拒否〉と、〈性科学〉を成立させることとなる〈性に関する知の過剰〉とを指摘されましたね。また『知への意志』では、〈性〉に関する検閲、タブー等の〈排除の原理〉の作動だけを重視して、〈性〉についての言説の煽動を見落しては、〈権力の装置〉そのものの正体を見失うことになると主張されています。言い換えると、〈知〉の強制的不在と〈知〉の過剰とは、どうも後者の方が罠であるように思われるというわけです。

ここでは、現代における日本の〈性〉についての〈言説的煽動〉と〈抑圧の仕組み〉との関係を分析する場所がなくなりましたが、最後に、現代社会における哲学者あるいは知識人の役割は何なのか、それを伺って、この対談の結論に代えたいと思います。

フーコー　それは朝日講堂でする「西洋世界における哲学者と権力」に関する講演の主題と重なるわけですが、まず第一に、哲学者は、〈見えないもの〉を見えるようにするのではなく、〈見えているもの〉を見えるようにする役割をもっていると思います。つまり、常に人が見ていながらその実態において見えていないもの、あるいは見損っているものを、ちょっと視点をずらすことによってはっきりと見えるようにする作業なのです。哲学とは、このわずかな首のひねり、わずかな視点の移動によって成立しているので、それは十八世紀ヨーロッパにおいて〈フィロゾフ〉と呼ばれた意味での〈哲学者〉の作業によほど近いわけです。

ところで、現代社会において〈知識人〉が果たし得る役割があるとすれば、それは未来に関わる真理を予言するというようなことではもはやない。むしろ、その役割は、現在時の診断者のそれであり、現在何が起こっているかを、しかも自分の専門領域について、分析することなのです。

渡辺　それが、あなたの言われる〈特殊性〉の知識人であり、伝統的な〈普遍性〉の知識人と対比させられるわけですね。

フーコー　その通りです。現在、たとえば医療について、性の解放について、環境問題について、一連の事件が起きている。たとえば原子物理学者や生物学者は、それぞれの専門の立場から環境問題を分析し、かくかくの危険があると批判することができる。しかしその批判は、普遍的な良心＝意識というような立場から、システマティックになされるものではないのです。

　現代社会における〈知〉は、その軌跡が余りにも複雑になったために、文字通りわれわれの社会の〈無意識〉になってしまっている。われわれはわれわれの知っていることが何かを知らないし、われわれは〈知〉の作用が如何なるものかを知らないのです。その意味で、知識人の役割とは、われわれの社会に無意識のようにして君臨するこの〈知〉を、意識へと転換することにある、と言えると思います。

渡辺　〈視点の移動〉と〈見ること〉の使命という問題で、一応この対談も螺旋状に、初めの地点に戻ってきたように思います。長時間にわたりお話を伺わせていただき、本当に有難うございました。

1978. 4. 22

狂気と社会

ミシェル・フーコー

「狂気と社会」は、一九七〇年九月に、ミシェル・フーコー氏が最初の来日に際して、東京大学教養学部でされた講演である。その時には、慶応大学における講演「歴史への回帰」の全訳が雑誌『パイデイア』（十一号、竹内書店、一九七二年）に掲載されたが、この「狂気と社会」は、『東京大学教養学部報』に、氏の許可を得て私が録音から起こした要旨を載せるに留まった。本書に収録した幾つかのテクストにおいても常に問題になっている〈排除のシステム〉の作動の例を、これほど明快に語った講演も少ないので、フーコーの思考と言説の一つの前提を理解するためにここに再録することにした。

それは『狂気の歴史』の一つの展開であるが、〈排除のシステム〉そのものの分析にせよ、また歴史を構造あるいは枠組みと事件の二つの軸で読み解いていく手続きにせよ、より明快な論法がそこには見られる。

と同時に、狂気の徴しのもとに生きられていった〈近代性《モデルニテ》〉の文学が、このような〈排除のシステム〉を最も悲劇的に体験する言語場であり、そのような排除のメカニズムに伴うあらゆる暴力が、ぶつかり合い、炸裂し、炎上する空間に他ならないことへの言及も、フーコーの思考と言説の出発点を暗示するものとして記憶さるべきであろう。

否定的システムの研究

狂気と社会との関係の幾つかの例について語る前に、何故私が狂気に関心を抱くのかを申し上げておきたい。

伝統的に、ヨーロッパの社会学や思想史は、〈ポジティフな〉（肯定的な）現象にのみ関心をはらってきた。すなわち、一社会内で認められていた肯定的価値を研究し、一社会がその社会的システム、価値体系、信仰を主張する様態を決定し、つまり社会あるいは文化をそれに内在する肯定的な内容によって定義しようとしてきた。それに反し、近年、社会学や特に民族学の領域において、一社会の〈否定的な構造〉によってその社会を定義しようとする努力がなされてきた。すなわち、一社会において拒絶され排除されてきたものはなにか、その〈禁忌〉のシステムはいかなるものであり、どのような〈不可能性〉が働いていたのか？　これらを研究することによって、様々な社会や文化を、以前の方法より遥かに正確に捉えることができる。レヴィ＝ストロースが民族学の領域で遂行したことはまさにこれであり、彼が〈近親相姦のタブー〉を研究する場合は、彼以前の社会学者、たとえばデュルケムなどの場合とは正反対なのである。デュルケムにとっては、一社会における近親相姦の拒否は、その拒否の瞬間において肯定されている価値によって意味があるのであり、つまりこの拒否は、社会の同質性と聖性の肯定の結果にすぎないのであった。これに対して、レヴィ゠ストロースは、一社会における肯定と否定の働きはもっと複雑なシステムを持ち、肯定が否定に先行するのではなく、言わば一種の枡目模様をなしていて、そこに肯定性と否定性が、黒い枡と白い枡のように同時に存在していることを証明した。

私はこのような民族学の企てを思想史の領域にも適用できないかと考えた。つまり、ポール・アザールやドイツにおいてはカッシーラーのように、一時代、一社会の文化・科学・思想をその時代や社会によって承認され価値を与えられたものの体系から説明するのではなく、一つの社会において、一つの思想体系において、拒絶され排除されたものから探究することである。私をして狂気の研究へと導いたのはこのような観点の逆転に他ならない。〈狂気〉とは、われわれの社会においても、また他の社会においても、〈排除されたもの〉である。社会の合理性の体系というもの自身、同時に〈排除という否定的体系〉を研究しなければ明らかになし得ない。われわれは、狂気と非‐狂気、理性と非‐理性という二つの体系を分ける境界線上に、言わばナイフの刃の上に身を置くことによって、社会によって肯定的に価値として承認されているものと、否定され拒絶されているものとを理解することができるのではないか。このような言わば民族学的展望において、狂気とわれわれの社会——それは十七世紀から現代に至る西洋型高度工業社会であるが——との関係を考察してみることにする。

四つの排除システム

ところで、ヨーロッパ思想史の上で、通常、歴史家が極めて重要視する一つの事件があった。それは十八世紀末に、フランスとイギリスとでほぼ同時に起きた狂人の収容監禁施設の解放という事件であり、フランスでは一七九二年に——つまり大革命の最中に——、サルペトリエール病院の医師ピネルによって遂行され、イギリスではクエーカー教徒の思想に基づき、チュークによってなされた。ピネルの語った言葉にあるように、以後はこれらの収容監禁施設は、牢獄としてではなく病院としての機能を果たし、狂人は〈精神病患者〉として医学的治療の対象となるのであった。ピネルとチュークによって果たされたこの平行的事件は、通常、歴史家によって、狂気の歴史における根底的な切れ目だと説かれているが、このような歴史の書き方は誤っている。というのも、それはこの時期以前には、狂人は犯罪者としてしか認められていず、この時期から初めて、古い規定を捨てて、疾病としての真の規定を得たのだという、二重の先入観に支配されているからだ。狂気と狂人には、一般的で普遍的な規定がある。社会規範や社会構造と関係なく、つまりいわゆる原始社会から高度資本主義社会まで共通して認められるような、民族学的な規定がある。社会が社会である以上、制約のない社会はなかったし、したがってそのような制約に従わない存在、つまり社会の外にはみ出した〈周縁的な場〉のない社会もない。〈狂人〉が登場するのは、まさにこの社会の周縁部においてである。しかもそこには、このようなはみ出した〈周縁的存在〉を規定する四つの大きな〈排除のシステム〉が常に認められるのである。

それは（一）労働あるいは生産関係との関わりで生じる排除、（二）社会の構成員の再生産過程としての家族との関係における排除、（三）言葉、つまり象徴の生産とその流通との関係における排除、（四）遊戯（jeu）との関係における排除、の四つである。これら四つの排除システムの個々について例を挙げるならば、たとえば（一）については聖職者が生産関係に加わらないという例、（二）については意志的であるにせよ意志に反してであるにせよ独身を守る人物（たとえばある種の聖職者、あるいは犯罪人等を考えればよい）、（三）の言葉との関係についていえば、ユダヤ教の預言者の言葉とか、あるいは詩人の言葉が通常の社会人の言葉と同じようには受け取れないことを、(四)は遊戯の犠牲になる〈贖罪の牡山羊〉のような形を思い起こせばよい。しかし、これら四つの領域から同時に締め出されている人物というのは〈狂人〉以外にはない。これこそが、社会の〈周縁的存在〉としての狂人の民族学的規定なのである。以下に、この四種の排除のシステムが具体的にどのように機能していたかを、西欧社会の歴史のなかで見てみよう。

まず狂人は〈働かない人物〉である。中世ヨーロッパ社会においては狂人は、特定の場所、特定の領主に属さず、移動性の極めて大きな存在であった。十七世紀になると更にはっきりした形で事態は捉えられる。狂人は、まさに労働することの不能性によって定義されるに至るのだ。十七世紀はあの収容監禁施設が大々的に作られた時期であるが、その目的は〈働く能力のない人間〉を強制収容することであった。そして十七世紀とは、言うまでもなく資本主義社会の成立期であったし、また現代に至るまで、職業上の挫折というものが、精神疾患の発現を認めさせる最初の刻印であることについても、多言を要しないであろう。

〈家族〉との関係についても同様のことが言える。ヨーロッパ社会においては十九世紀初頭までは、ある人物の収容期間を決定する権限は家族に属しており、一九三八年に至って、初めて医師の決定が優先することになったほどである。しかしその後も狂人と見做された人物は家族構成員としての法律上の権利——離婚、所有権等々——を完全に保有してはいず、家族に対して周縁的存在であることに変わりはない。それどころか、性的行動の異常——たとえば同性愛とか色情狂——と精神疾患との関係は十九世紀になって主張され始めたものであり、それがブルジョワ的家族道徳の規範と密接な関係をもつことは明らかである。フロイトが〈神経症〉をどうやって見分けるかについて語ったことを思い起こせばよい。すなわち、神経症患者は、第一に働くことができず、第二に、正常な性的行動がなし得ない人間である、と。

第三の〈言葉〉の規範的体系からの排除もまた、原始社会と同様、われわれの高度資本主義社会においても認められるものだが、私はここでは、ヨーロッパ中世の貴族社会における〈道化〉の存在をその例として挙げておきたい。〈道化〉とは自らの意志によるにせよ、よらぬにせよ、通常人には言えぬような〈真実〉を語る人物であり、他の人物に忠告を与え、虚偽の仮面を剝ぐ。しかしこの〈真実〉は、危険な力を充分取り去ってあるから他人を傷つけることはないのだ。つまり〈道化〉とは、狂気の模倣であり、狂気の言葉を社会のなかに無害なものとして流通させるという意味で、狂気の言葉の体制組み込みであると言える。シェイクスピアや、十七世紀初頭のフランス・バロック演劇に出現する狂人というのも、前以て真実を語る人物であり、通常人とは異なる第二の視力を備えているが、人々は芝居が終わって初めて狂人の言葉が真実であったことを悟るのである。〈通常の言葉〉に対立するものとしての〈狂気の言葉〉というものは、十九世紀以来の〈通常の言葉〉と〈文学の言葉〉の対立にも認められる。十九世紀以来、文学は本質的に〈周縁的な〉言説となり、通常の、政治的・宗教的・道徳的・科学的言説と交叉し、その周辺をめぐりつつ、根底的再検討を要求するような言説となった。ヨーロッパにおいて、十九世紀までは、文学の言説は本質的に、かつその深部において、体制内存在的なものであり、人は一集団の楽しみや教育のために芝居を書き、小説を書いた。それが十九世紀以来、ヨーロッパにおいては、文学は、このような体制的規定を脱却して、絶対的にアナルシックな言葉に、体制をもたない言葉に、他のすべての言説と交叉し、それを破壊しようとする言葉になりつつある。十九世紀以来、文学が狂気に幻惑されているのは、まさにこの理由によると思われる。ヘルダーリンからアルトーまで、このような文学と狂気との奇妙かついささか怪物的な婚姻が続いてきたのであり、文学がその最も深い使命を発見するのは、狂気の言葉のなかに浸って活力を見出す時であった。あたかも、文学がその可能なアナルシーをことごとく発揮するためには、あるいは狂気を模倣するか、あるいは文字通り狂気となるかしなければならなかったかのように。

第四の〈遊戯〉との関係での排除については、ヨーロッパ中世における〈狂人の祭り〉の例を挙げておこう。それは当時の祝祭がことごとく宗教的なものであったなかで、唯一の非宗教的な祭りであり、その日には、あらゆる社会的規定が逆転させられたのであった。富者は貧者に、権力者は力無き民に変装し、男女の性は入れ替わる。年に一度の、社会体制に対するおおっぴらな異議申し立ての機会であり、そして祭りは最後に、倒錯した形で執り行なわれるミサによって終わる。

中世社会において、教会や宗教によって庇護されなかった唯一の祭りが〈狂人の祭り〉であったことの意味は大きい。それと類似した要素が、現代社会にも見出せるのではなかろうか。現代西欧社会においては、集団的現象としての〈祭り〉の意味は失われてしまったが、それに代わって、ヨーロッパやアメリカでは、アルコールや麻薬が、人工的で一時的な狂気を作り出すことによって、社会の外側で、個人の次元での祭りを——いや〈反‐祭り〉と言ったほうがよいかもしれない——成り立たせている。それは社会体制に対する異議申し立ての行動として、狂気と遊戯、いや〈反‐遊戯〉との関係を納得させるものである。

このように、現代社会においても、狂人の〈民族学的規定〉を支えている〈四重の排除方式〉は機能し続けているのであり、このような〈排除〉や〈周縁的存在〉としての条件を考えるなら、かの十八世紀における収容監禁の解放という事件は、かなり皮相な重要性しかもっていないことが理解されるはずである。

しかしこの歴史的事件は存在したのであり、それによって生じた変化は、それ自体として考察に値するものである。私の第二の論点は、この変化の動因・理由についてである。

〈精神疾患〉の誕生

通常、構造主義に対して時間軸の上での変化や変形を問題にしないという非難が投げつけられるが、その非難は私には当てはまらないと思う。というのも、私は構造主義者ではないからであるし、またこの非難は一般的に言っても正しくはない。けだし構造主義的分析で、変化というものの必要かつ充分な条件の分析を目指さぬものはないはずだからである。

まず注目すべきことは、中世並びにルネサンス期のヨーロッパ社会が狂人に対してははなはだ寛容であり、狂人と見做される者のうちで特に兇暴な者は一時的に監禁することはあっても、それだけのことであったという事実である。それが、十七世紀になると、社会や家族のうちに狂人がいるということは、全く許容できない事実と考えられるようになった。その理由は簡単であって、フランスもイギリスも、社会的・経済的に、また国家体制の上でも、資本主義の確立期であり、無為徒食の集団は文字通り許容することができなくなったのである。労働の義務は当然のこととされ、各個人が労働の組織体との関係で自分の地位が明確でなければならず、私有財産の運営・管理は、家族と、家族を通じて社会全体において不可欠となったからである。

ヨーロッパ中で、一六二〇年から一六五〇年にかけて、それまでは存在しなかった収容監禁施設がいっせいに出現した。しかもそれは必ず大都市に限って現われたのだ。まずハンブルグに、次いでリヨン、ロンドン、パリに。しかもそこに強制的に収容されたのは、単に狂人ばかりではなく、老人、不具者、家族の財産を蕩尽《とうじん》した父親、娼婦等が含まれており、要するに反社会的な人間をことごとく監禁したのである。この監禁は、したがって、狂気という病気を治療し、病人を社会に復帰せしめるというような医学的監禁ではなく、社会の新しい経済体制の障害物を取り除くという経済的動因にのみ基づく監禁であった。このような資本主義社会の経済的規範に従って遂行された強制収容によって、それまでは四つの排除方式によって社会の周縁的存在であった狂人が、物質的にも、個人の生存においても、完全に社会から締め出されたものとなったのである。

この監禁体制がパリだけで六千人もの人間を捕えたこと、医学的治療を目的とした監禁ではなかったこと、また施設内では強制労働が掟であったことと並んで、注目しておかなくてはならないのは、この収容監禁施設の出現が、国家警察の出現と同時期のものであり、両者は深く結びついているという事実である。一六五六年に同じ一つの勅命が収容監禁施設の設立と警察代理官の設立とを命じているのだ。

この監禁体制は十八世紀末まで続き、次いで、一七九二年に、かのピネルによる〈狂人解放〉という第二の変容が到来する。しかしピネルは、老人、不具者、労働意欲のない者、売春婦、リベルタンなどは釈放したが、〈精神疾患〉と認められる者は監禁施設の内部に留めたのであり、この解放は狂人には当てはまらなかったのである。つまり〈精神疾患〉と認められた者以外の者は、すでに形成された産業資本主義の第一の要請に従って、失業者の集団として、かの〈産業予備軍〉となり、労働者の低賃銀を確保しようとする経済政策を順調ならしめる役割を担わされることになったのだ。古典期における失業者消去のための大々的強制収容という方式は、今やこの産業資本主義にとっては有害なものとなった。また病院としてのシステムも二重の意味をもったわけであり、一方は身体的な理由で働けない者を収容し、医学的に治療して労働市場へ送り出すことと、身体以外の、つまり心理的と呼べる原因によって働けない者を収容することが目的とされたのであった。

この時から、〈精神病患者〉という新しい人物が生まれるわけである。この人物もかの〈四重の排除方式〉によって得られるものであるが、今や、資本主義社会の要請に応じて、〈病人〉という資格を与えられたのである。医学的に治療して労働の回路に送り込まれるべき病人であろう。それが〈精神病医〉という新しい社会範疇の発生と不可分な関係にあることも明らかであろう。

現代の高度産業社会においても、狂人のあの〈民族学的規定〉は変わらない。しかしそのような古くからの〈排除のシステム〉の上に、資本主義は幾つかの新しい規範を、要求を作り出した。だからこそ現代のわれわれの社会では、狂人は〈精神病患者〉という顔立ちを取るに至ったのである。

精神病患者とは、ついに発見された狂気の真実の姿ではなく、狂人の民族学的歴史における、本来的に資本主義的な変形に他ならないのだ。

1970. 10. 7

性的なるものをめぐって——『知への意志』を読む

渡辺守章

『監獄の誕生』によってフーコーは、近代社会における「監視と処罰」のシステム、すなわちその管理の根拠をなす規律・矯正の仕組みを明らかにした。その際に、〈権力〉の作用の発現態として、「身体の政治的テクノロジー」を分析したフーコーは、今度は、〈権力の分析学〉の特権的な枠組み＝舞台として、〈セクシュアリテ〉を取り上げる。それが全六巻と予告された『性《セクシュアリテ》の歴史』の企てであり、その序説をなす第一巻『知への意志』は、一昨年（一九七六年）十一月に上梓された。

以下に収録する文章は、昨年（一九七七年）一月に、中央公論社の雑誌『海』のために、その一章「性の科学」を訳出した折につけた解説をもととして、加筆訂正したものである。フーコー自身の力点の置き方や言説の戦略的様相などは、今回の来日中の発言で、かなりはっきりしたようにも思う。

本文中でも説明してあるように、この研究のキイ・ワードである〈セクシュアリテ〉は、今以て定訳を見出せずに困っているが、それは、フーコー自身の用い方にかなり幅があることにも起因している。内容規定がはっきりしている時は、一応それぞれの訳語を当て、そうでない場合は単に〈性《セクシュアリテ》〉としてある。そのほうがこの語のはらみ込むもの、あるいは言説上の〈仕掛け〉としての働きが分かろうかと考えたからである。

性と知と権力と

ミシェル・フーコーの『知への意志』(Michel Foucault: *La volonté de savoir*) は、一九七六年十一月にガリマール社から刊行された。

二一一ページからなるこの書物は、同年十一月五日付の『ル・モンド』紙に掲載されたフーコー自身の文章が語っているように、『性《セクシュアリテ》の歴史』(*Histoire de la sexualité*) と総題する五冊の論文のいわば序論に当たるもので、この五部構成の書物はそれぞれ、(一)『肉体と身体』、(二)『少年十字軍』、(三)『女と母とヒステリー患者』、(四)『倒錯者達』、(五)『人口と種族』、となるはずだという。

この五冊の論文の序とも言うべき『知への意志』は、〈性《セクシュアリテ》の歴史〉についてのフーコーの全般的見取図とその基本的視座、並びに対象と方法とを要約したものであり、小冊子ながら近来稀に見る刺戟に富んだ論文だと言える。

フーコーは、西洋世界における性《セックス》と性《セクシュアリテ》に基づく人間の行動が、それ自体不変な本質のようなものとして存在するものではなく、それを言葉によって捉えようとする〈知への意志〉と、この〈知への意志〉を刺戟し管理するために様々な〈権力〉が発明する〈仕組み＝装置《ディスポジティフ》〉、並びにそのような企て自体に潜み、それを刺戟し続ける〈分析の快楽〉という観点から読み直さるべき、歴史的、社会的、政治的現象だと考える。というのも、西洋世界において〈セクシュアリテ〉（性的欲望・性的行動の総体であり、自律的体系としての性の原理・性の領域）なるものが成立するのは、性の真理こそ人間の最も根源的な真理に他ならず、したがってその真理は、それが潜む肉体の暗い深層から言葉として引き出され、つまり言説化されねばならぬ、という思想を前提とした、とフーコーは考える。後に述べるように、西洋社会における〈性の真理の言説化〉の根幹をなす〈社会的手続き〉は〈告白〉という形態であったが、このような性の言説化とその記録は、十七世紀以降、減少するよりは増大し、しかも十九世紀に至って異常な繁殖を示すことにフーコーは気がついたというのである。

〈セクシュアリテ〉なるものを成立させ展開させているのが〈言説の秩序〉に他ならないのであるとしたら、かつて、十七世紀以降の西洋世界における〈狂気〉についてなされ（『狂気の歴史』）、またその〈基本的知《エピステーメー》の選択〉についてもなされた（『言葉と物』）あの〈言説〉の〈集蔵庫《アルシーヴ》〉を読み起こし分析する作業としての〈考古学《アルケオロジー》〉は、〈性《セクシュアリテ》〉について、ほとんど特権的に成立するように思われる。性的欲望の様々な発想態を読み直すフーコーの立場と方法は、したがって、従来の探求の延長上にあると言えるが、しかし『性《セクシュアリテ》の歴史』には、一つの重要な変化が現われている。それは〈権力〉の捉え方そのものに関わる視座の転換である。

たとえば西洋世界が〈狂気〉と呼ぶものを成立させるについては、社会の機能を保証、管理している権力の側からの〈排除の原理〉が働いていた。一九七〇年に来日した際に、東京大学教養学部における講演でフーコーが明快に語っていたように、〈狂気〉は、(一)生産関係からの排除、(二)家族関係からの排除、(三)言語伝達からの排除、(四)遊戯からの排除、という四つの大きな〈排除の原理〉が同時に作動することによって成立させられていた。古典主義時代の西洋世界の最も重要な〈選択〉であった、狂人、浮浪者、廃人等の「一大監禁」の実践にせよ、十八世紀末から十九世紀にかけての〈精神病理学〉の誕生とそれに基づく精神病棟の成立にしても、いずれも権力の側からのこの〈排除の原理〉の発動に他ならない。これらの〈考古学《アルケオロジー》〉的読解作業の前提には、こうして、権力を成立せしめているものは〈排除の運動〉であり、権力とはその本質において〈否《ノン》〉と言う存在である、という考えが貫かれていたのである。

ところで性は、十九世紀以来、つまりフーコーが『知への意志』の枕にふった、かの〈偽善的ヴィクトリア朝〉の時代以来、恐らくは〈ヴィクトリア朝〉を未だ脱却してはいないわれわれの高度資本主義社会まで、禁欲的な、あるいは欺瞞的・偽善的なブルジョワジーの道徳律によって抑圧されてきた、というのがほぼ通説のように見える。そうだとすれば、性にまつわるあらゆる禁忌‐禁止もまた、権力の側からの〈排除の原理〉の発動を、極めて明らさまに顕揚するものにすぎず、性《セクシュアリテ》の歴史もまた、この観点から書かれれば事足りるはずである。しかし、事態はそれほど単純だろうか。

事実、フーコーは、狂気の歴史を書いた時に、次に〈性《セクシュアリテ》〉の歴史を書こうと考え、資料を集め始めたのだと言う。ちょうど、『狂気の歴史』が、十七世紀における狂人と狂人ならざる者の分割の制度化、すなわち、人間を、理性をもつ者と、理性をもたぬ故に生存の権利——少なくとも自由への権利——を失ってしまった者とに分類する制度的・強制的分割の分析をしたように、〈性〉の領域でも、正当で公認された性行動と、不法で追及の的となる性行動とに分割する仕組みを分析しようとしたのである。それは一九六五年頃のことであったが、当時は方法的に準備が足りず、資料は山積したが、幾度も挫折した。それがようやく一つの方向をもって展開し出したのは、権力のメカニズムに対する見方が変わったからだとフーコーは言う。

フーコーは、医学上の知識や医療制度、刑罰の体系など、一般に人間の規律・矯正のシステムに認められる権力のメカニズムを研究しながら、権力のメカニズムの本質とは、通常考えられているように、何かを禁止し、ある種の行動を排除・処罰することにあるのではなく、人間の身体を働かせて、規律・矯正を通じてある種の結果を生み出させることにあると考えるようになった。すなわち、権力をより積極的で生産的なものと見ることである。
『知への意志』の冒頭で、フーコーは、ヴィクトリア朝の無名の著者による『我が秘密の生涯』と、一八六七年にフランスの片田舎で起きた性的軽犯罪とを引くことによって、まず通常受け入れられている〈抑圧の仮説〉に疑問を投げかける。我が国にも田村隆一氏の翻訳のある『我が秘密の生涯』が、自分の日常の性生活を微に入り細にわたってひたすら書き記していったその〈性の言説〉と、いささか低能な小作人の取るに足らぬ猥褻行為を、警察が徹底的に取調べて調書を作り、さらに裁判所が同様の手続きを取り、それのみならず三人の専門医の診断までがなされ、その法医学的報告が印刷、出版されるという、〈性行動《セクシュアリテ》〉についての執拗な言説的追及とは、実は同じ一つの社会的意志の体現ではなかったのか。

フーコーという現代の〈古文書調査人《アルシヴィスト》〉の目には、十九世紀ヨーロッパは、性についての〈言説〉を禁じたどころか、ますますそれを煽り立て、それまでは問題にならなかった多様な〈性的欲望・性的行動《セクシュアリテ》〉を、それまでは問題にされなかったような多様な〈場〉において執拗に狩り出し、その真実を一つ残らず語らせようとする途方もない〈知への意志〉に貫かれた時代だと映じたのである。この書物の第一章「われらヴィクトリア朝の人間」に続く、第二章「抑圧の仮説」では、十九世紀におけるこのような〈性についての言説〉の異常な増殖があばき出されるが、そこでは、家族内における様々な性の逸脱から、社会のあらゆる場で調査される性の倒錯まで、このブルジョワジーの権力が好んで追及し、言説化し、分類した〈周縁的性活動〉の権力の側からする戦略的取り返しが語られる。それは、従来は目に留まらなかったような様々な性的欲望《セクシュアリテ》・性的行動が、分析されるほどに細分化され、多様化されて、社会の表層に分散される過程に他ならない。つまり言説化することで管理の手を確実なものとする権力は、同時に、分析し言説化するという新しい快楽を煽り立てているように見える。フーコーの言う〈セクシュアリテ〉というものを己れの一つの〈仕組み＝装置《ディスポジティフ》〉として設定する権力とは、こうして、排除と否定の原理によって作動するものではなく、遥かに複雑で積極的な、生産的仕組み＝装置を備えた何物かとして捉えられている。

　しかしこのようなすべては、すでに触れたように、性の深層にこそ人間存在の最も決定的な真実＝真理が隠されているし、その真理は言説として語られることによって真理として人間に所有される、という基本的な認識がなければ意味をもたないだろう。中世十三世紀初頭、正確に言えば一二一五年十一月の第四ラテラーノ公会議におけるカトリック教会の〈告解〉の義務づけ以来、まさに西洋世界は、性という暗く捉え難い深層に問いかけ、そこにうごめく〈欲望〉を〈知〉の光のなかへとあばき出すことによって、人間の真実を求め続けたと言える。しかもここで重要なのは、この〈性についての真実の言説〉を産出する最も重要な社会的手続きが、〈告白〉という形態であったことであり、それはやがて、フロイトの精神分析がその科学的手続きの根底に据えるものでもあった、という点にある。しかもこの〈告白〉という言説行為には、二つの重要な関係構造が内在していた。一つは、〈告白〉においては〈知〉の所有者、すなわち〈告白する者〉が権力を握っているのではなく、宗教、裁判、医学のどの次元においても、権力は〈知〉をもたない側、言説化をそそのかし、それを聞き、収集し、読解する側にあるという点であり、その第二は、〈告白〉においては、語る〈主体〉と〈言説の主語〉とが同一であることから、そこに産出される〈性の真理〉は、〈主体の学〉の根拠そのものともなる、という点である。

キリスト教以来、性の問題に執拗に関心をはらい続けてきた西洋世界、性を禁止し、制限し、隠すだけではなく、その実体を知ろうと調査をし、心の奥底をまさに性の深淵として調べあげ、そうして人間の性的欲望・性的行動についての膨大な知識を産出してきた西洋世界。その〈性《セクシュアリテ》の原理〉の歴史を書くとは、〈性〉と〈知〉と〈権力〉という三人の登場人物が、〈言説化〉とそれを支え煽る〈分析の快楽〉という二つの筋によって緊密に結ばれて演ずる劇を描き出すことである。そこでは〈性《セクシュアリテ》の原理〉が、一つの枠組み、舞台＝劇場となっているわけであり、それは伝統的にも西洋的人間の運命が賭けられる場であった。しかし、フーコーにとって、この劇場は形而上学のそれではない。西洋的人間の運命は、超越的な何者かの関係においで捉えられているのではなく、彼を貫いている多形的な権力の作用において読み直されるからである。

〈性〉の至上権

「性的欲望《セクシュアリテ》という仕組み＝装置がわれわれのなかに書き込んだファウスト的契約の誘惑とは、今や次のようなものである。性《セックス》そのものを、性《セックス》の真理とその至上権を手に入れるためには、人生のことごとくを引き渡しても悔いないということだ。〔……〕すでに久しい以前に、西洋世界が愛というものを発見した時、西洋世界は、死を受け入れられるものにするのに充分な価値を愛に与えた。今日では性《セックス》がそのような死にも匹敵する位置を手に入れようとしている。」（原書初版、二〇六ページ、以下も同様）

『知への意志』の最終章がこう語るように、フーコーの〈性の考古学《アルケオロジー》〉の出発点の一つは、明らかに現代西洋型文明において〈性的なるもの《セクシュアリテ》〉の占める圧倒的な重要さであったろう。その頽廃や危機や終末が叫ばれて久しい西洋文明のあたかも必然的〈分身〉であるかのように、その地平をますます巨大な影によって覆っていく〈不可能性の聖獣キマイラ〉にも似て、〈性〉は至るところに君臨している。ポルノ映画から最も政治的に尖鋭なカメラの目まで、セックス・ショップを飾る映像や言説から最も実験的なそれらの創造作業まで、〈消費社会〉のヘルメス神であるマス・メディアが映像と音声と活字とによって氾濫させているありとあらゆる快楽への煽動を介して、現代人の〈欲望〉を司る神はまさしく〈性〉に他ならないと思われるほどだからである。それはいわゆる体制の側の操作ばかりではない。〈性〉について相変わらず存在する禁忌や、その政治的な愚かしい発現である検閲に反抗することは、抑圧に対する「ラディカルな侵犯の様相」を呈するのであり、だからこそ、「今日、性を語る時のあの荘重さ」の調子が生じる。いかにも「われわれは、数十年前から、性について語る時には、ほとんど常に重々しいポーズを取ってきた」(一三ページ)。あたかも「性を宗教上の罪としたことの罪を贖《あがな》おう」とするかの如くに、である。かくして、〈性〉は反抗の、反体制の、そして未来の予言の契機とさえなった。

フーコーの〈神話破壊者の目〉が注目するのは、しかし、むしろこの点であったと思われる。すなわち、禁忌に反抗するという形まで含めての〈性〉に関する言説の氾濫と、それに人々が注ぐ情熱とである。もちろん、フーコー自身も、法権力による性の弾圧には強い関心をはらっているし、七六年に、たしかソ連における精神医学の政治的悪用を語った際にも、解放された中国における同性愛の処罰に一つの問題を見ていたのである。
性についての言説の氾濫。しかし問題はそこには留まらない。『知への意志』の第三章「性の科学」の主導動機とも言うべき〈告白〉の系譜学を突き動かしているのは、単に七世紀にわたるカトリック教会の要請という歴史的事実ばかりではない。まさしく〈懺悔聴聞《ざんげちょうもん》〉の現代的変容態である精神分析が、現代社会において持つ巨大な〈力〉の謎である。

　中央公論社の雑誌『海』のために、『知への意志』から三十ページだけの抄訳を許可された時に、私が「性の科学」の章を選んだいわれもここにあった。日常生活のレベルでも、また哲学や文芸批評の領域でも、我が国では精神分析はおよそ流行らないという一つの事実があるからであり、そのことは、たとえば、加藤周一氏が、岩波の『講座・文学』における精神分析学の介入の少なさとして指摘しておられた通りである。かの高名なフロイト派精神分析学者ラカン博士が、日本から帰って、「日本人は分析不可能である」と語ったというのは、ソレルスやクリステヴァをはじめとするラカンの崇拝者からよく聞かされることであるし、フーコー自身も今回の来日で、日本における精神分析の不評判を確認して驚いていた。しかしそれは、単に日本人の文化的構造や無意識界のそれの違いということに由来するのではなく、あの〈内心の言説化〉であるカトリック教会の〈告解〉の実践という、全社会的伝統をもたなかったことにもよるのだと考えられる。いずれにせよ、現代の、たとえばフランスのように長いこと精神分析を忌避していた国においてすら、いわゆる知識人と称せられる人々にとっては、精神分析を受けることは、ほとんど一種の〈通過儀礼《イニシエーション》〉の観を呈しているほどの呪力をもつに至っていることを考えなければ、ドゥルーズとガタリの『アンチ・オイディプス』を旗頭とする〈反 - 精神分析〉の思想は了解されないのではないかとさえ思われる。しかし、フーコーにとって重要なのは、単なる精神分析批判を企てることではなく、精神分析の実践そのものが、好むと好まざるとにかかわらず組み込まれていた、〈性の言説化〉に基づく〈権力の技術〉の分析へと向かうことであった。

己れの過失を細大洩らさず告白する——つまり言葉で表わす——ことを救霊の前提として要求するカトリック教の告解が、その罪の最大のものを〈性〉にまつわる衝動や行動と同一視した思想と、人間の生をことごとく無意識の性衝動に起因すると考える精神分析のそれとは、同じ一つの基本的認識原理の地平に立っている（精神分析に基づく文学批評がしばしばカトリック系のそれと重なることが多いという現象は、われわれが経験的に知っているところである）。つまり、性こそが人間についての最も本質的な真実を保有しており、それを言説化することによって、人間は解放されるという考えに他ならない。したがって、逆に言えば、完全な告白へと導く側（つまり彼自身は知をもたぬ側）が、語る主体に対して絶対権をもつに至るという逆説が前提となっているのである。しかも、そこで聴取された言説は、性についての真理の言説の〈集蔵庫《アルシーヴ》〉を構成し、〈知〉の重要な記録資料となるわけだが、カトリック教の告解が告解として留まる限りは、それは定着され公表されることはもちろんなかった。告白という言語化の社会的手続きが教会の外部に適用されるようになって、このような〈性に関する知の集蔵〉は公のものとなり、しかも十九世紀はそれを異常に増殖させ始めた時代だった、とフーコーは言うのである。

このような〈知〉の産出への煽動とその管理を司るのが〈権力〉(pouvoir)である。しかしすでに述べたように、フーコーはもはや権力を〈排除〉と〈拒否〉の作用においては捉えない。と同時にそれは大文字で書き始められるような権力、つまり〈国家権力〉というものとも別のレベルで、別の視座から捉え直されねばならぬと主張している。第四章の「性的欲望《セクシュアリテ》という仕組み＝装置」が語る〈権力〉の捉え直しを、簡単に要約しておく必要があるだろう。

多形的《ポリモルフ》な権力

一九七七年の一月一日‐十五日付の『文学半月誌《キャンゼーヌ・リテレール》』のインタビューで、フーコーは、自分にとっての最も本質的な作業は「権力の理論を作り直すこと」であり、「性的欲望《セクシュアリテ》や行動について書くという楽しみだけでは、この六冊の書物を書く動機としては充分だったかどうか疑わしい」と述べているが、如何にもフーコーの〈性〉の捉え方自身、〈権力〉の読み直しと表裏一体をなす作業なのであった。

『知への意志』第四章の第二節「方法」は、十五ページにわたってその観点を要約しているが、まず第一に、« pouvoir » という語を、〈国家権力〉、すなわち、「一国において市民の服従を保証する制度と機関の総体」とは考えないと述べた後、同様に、その語によって、「暴力と対立するものとして法規の形をもつ隷属化の方法」をも指さず、更には、「ある要素あるいは集団が同種の他のものに及ぼす支配で、連続的な誘導によってその結果が社会の構成員全体に及ぶような支配の全般的システム」だとも考えない、と前置きがされる。権力についての分析は、「国家の至上権や、法律の形態や、支配の包括的な統一体」を公準的な前提とすべきではなく、これらはむしろ権力の「終着的形態」だと考えるべきなのである。それでは、「権力」と差し当たっては訳しておくこの語によって、フーコーは何を意味しようというのか。

「権力という語によって、私が理解すべきだと思うのは、まず何よりも、多様な力の関係であり、それはこれらの力の関係が作用する領域に本来的に内在し、かつその組織の構成要素そのものとなっているものだ。その絶えざる葛藤と衝突によって、これらの力の関係を変形し、強化し、逆転させる〔一見偶然的とも見える〕働き（le jeu）である。それはまた、このような力の関係が、連鎖や体系を作るという形で互いのなかに見出す支えであり、あるいは反対に、それらを互いに孤立させるずれゆき、矛盾でもある。それは、これらの力の関係がそのなかで効力を発揮し、その全般的な計画あるいは制度的結晶が、国家の機関、法律の形態、社会的主導権のなかで実体となるような戦略なのである。」（一二二ページ）

したがって「権力の可能性の条件」というか、「少なくともその最も〈周縁的な〉効果までも含めて理解を可能にし、権力のメカニズムを社会的場の読解格子として利用することを可能にするような視点」とは、まず最初に何らかの中心的な点が存在して、そこから様々な形態が派生してくるというように考えるのではなく、「力の関係の流動的な土台」として求められねばならない。「権力は遍在する」のであり、それは、権力がすべてを自分のもとに掌握しているからではなく、「権力があらゆる瞬間に、あらゆる場所で、というか、一つの点から他の点への関係の成立するあらゆる所で発生している」からなのである。

こうしてフーコーが提案する「権力」には幾つかの特性が認められるが、それを要約すれば、次のようになるだろう。(一) 流動的なすべての不平等関係のなかに遍在するものであること。(二) この力の関係は他の関係(たとえば経済や知や性の関係)に外在するものではなく、それらに本質的に内在するものであること。(三)〈支配する側〉と〈支配される側〉という包括的二元対立が〈母型〉としてあってそれが〈上から下へと波及する〉というのではなく、「権力は下から来る」と想定すべきこと(「生産機関、家族、限定された集団、制度などのなかで形成され作動する多様な力の関係は、社会の総体に走る亀裂の大きな効果の支えとなると想定すべきである。この亀裂効果はその時、局部的衝突を貫く力線を構成し、局部的衝突を結集する。〔……〕大いなる支配とは、これらすべての衝突、対決の烈しさによって絶えず支えられた、支配権の作用である」)。(四) 権力の関係は意図的であり、しかも個人の主観とは無関係である。すなわち〈計算〉と〈無名性〉をその本質とすること。(五) 権力のあるところ抵抗があるが、しかし、というかまさにそれ故に、抵抗は権力の外側に立っていないということ。権力の関係は厳密に相関的であり、多様な抵抗の点との関係でしか存在し得ない。と同時に、抵抗もまた権力の関係の戦略場でしか存在し得ないが、それは抵抗が権力の単なる〈反作用〉であることを意味するのではない。権力に対して〈不屈の、絶滅不可能な相手〉である以上、抵抗もまた、権力と同じく可動的であり分散したものとして、社会と個人とにおいて、亀裂を作り、それらを変形し、それらのなかに〈絶滅不可能な不屈の領分〉を作ることになるのである。

このような視座に立てば、性と性に関する真実の言説をめぐって、解決されるべき問いは、中心的な権力による〈性の知〉の開発と管理、利用についてではない。そうではなくて、まず問題となるのは、

「性に関するすべての微小な暴力、性に対するすべてのあやしげな眼差し、痕跡も抹消されてしまったようなすべての隠し場所というものを、大いなる国家権力の唯一の形態と関係づけるのではなく、性に関する言説の夥《おびただ》しい産出の現象を、多様かつ可動的な権力の関係の場のなかに沈めてみることなのである。」（一二九ページ）

そこから、予備的に、次の四つの規則が提案される。すなわち、

（一）「内在性の規則」――性《セクシュアリテ》の領域というものが、権力の関係と関係なく、科学的・客観的・中立公正なものとして存在しているわけではなく、「性の領域が認識の領域として成立したのは、それを認識の対象として公に成立させた権力の関係に発するのだということ（ここで引かれる〈知である権力〉の例は、悔悛する信者と懺悔聴聞僧《ざんげちょうもん》の、言説化が担う隷属と知識の形成の関係であり、また十八世紀以降の、幼児の性行動への観察の強化である）。

(二)「連続的な変異の規則」——〈権力の配分〉と〈知の独占〉とは、ある時期の断面図をしか表わさず、〈知である権力〉の関係が、「変形の母型」と見做さるべきこと(たとえば子供の性活動は、医師から親への関係で問題とされていたのが、最終的には、精神病医と子供との間で大人の性活動そのものが問題にされる、といった逆転)。

(三)「二重の条件づけの規則」——個々別々の権力関係は、ある全体的戦略のなかに組み込まれてしか意味をもたないが、しかしこれも中心にある国家権力の類比的投影という形を取るのではなく、特殊性が特殊性において、全体の支えになるということ(たとえば、家族関係において父親は君主や国家の〈代行人〉ではないし、逆に君主や国家が父親の投影であるわけでもない。しかし、家族関係という装置は、まさにそれが他のメカニズムと異なる形態をとる故に、人口問題や性の医学化、〈生殖と関係のない性〉の精神病理学への引き渡しという大きな〈作戦〉の支えとなる)。

(四)「言説の戦術的多義性の規則」——権力と知とが有機的に結ばれるのは〈言説〉においてであるが、この言説は、「一連の断絶的単位の集合」と考えねばならない。ここでも〈容認された学説〉と〈排除された言説〉、〈支配する言説〉と〈支配された言説〉という分割を想定すべきではない。極めて多様な言説の要素が、様々な戦略のなかで機能し得るのだから、言われたこと、言われないこと、許容と禁止、語り手による変差、語り手の位置、裏の意味等々、言説の様々な変容を考慮に入れた上で、これらの断片的言説を再配分しなければならない。そこでは、「言説が権力の道具であると同時に効果であったり、また同時に、対立する戦略に対して障害を受け、抵抗の出発点になっているような、複雑で流動的な作用を認めなければならない。言説は権力を担い、産出するが、同時にまた、言説は権力に爆薬を仕掛け、爆発させ、脆弱にし、それを防ぐこともできるのだ」。〈沈黙〉についても同じことが言えるわけである（たとえば十九世紀に、同性愛についての一連の言説が、精神医学と、法制度と、文学の領域において出現し、それが〈倒錯〉のこの領域に対する社会の管理に大いに役立ったが、やがて今度は、同性愛の側からの主張が反動として起こり、その正当性、〈自然性〉を主張することになった。しかもその際、用いられた用語や概念は、医学的に同性愛を非難したものとしばしば同一であった）。

この四つの規則を絶対的な前提ではなく、いわば「慎重さの掟」として、フーコーが企てようとするのは、結局のところ、「法を特権視する代わりに目標という観点を、禁忌を特権視する代わりに戦略的有効性の観点を、至上権力を特権視する代わりに、権力の関係の多様かつ可動的な場の分析（それは、支配の、包括的ではあるが決して安定はしない効果が産出される場であるが）をもってくるような、そういう権力の捉え方へと向かうこと」（一三五ページ）なのだと言える。

権力と性

このような〈権力〉の捉え直しは、フーコーにあっては極めて意識的に戦略的な作業仮説をなしている。それが中心的な権力構造の交代を主要な目標とする革命というものに与えられていた特権的位置の終焉と見合っていることは、フーコーの他の発言からも明らかであり、この権力の〈非中心化〉は、単に思弁的レベルに留まるものではない。それはともかくも、このように非中心的で多形的な〈力の関係〉として権力を捉えるならば、性《セクシュアリテ》にまつわる現象も、この権力と本質的に無関係な、権力には統御し難い衝動であるとは考えられなくなるだろう。むしろそれは、権力の関係が通過する点として特別に密度の高い場だとも言える。男と女の間で、若者と老人の間で、親と子供の間で、教育者と生徒の間で、司祭と信者の間で、行政機関と住民との間で、権力の関係のなかでは、性的欲望《セクシュアリテ》は、最も有効な道具なのである。

「性的欲望という仕組み＝装置」の第三節「領域」は、十八世紀以来、西洋世界が、性に関する知と権力の特別な仕組み＝装置として選んだ四つの大きな戦略を語る。その第一は「女の肉体のヒステリー化」であり、その第二は「子供の性の教育プログラム編入」であり、その第三は「生殖行動の社会化」であり、その第四は「倒錯した快楽の精神病理学化」であるという。つまり、「ヒステリー女」、「オナニーする少年」、「人口政策に従う夫婦」、「倒錯した大人」という四つの形象こそ、〈性（sexe）〉を知的に認識し得る体系として概念化し、それを、« sexualité » として成立させる過程において、決定的な役割を果たしたものだと考えるのである。

ここですでに幾度となく問題となってきた二つの語、〈性（sexe）〉と、〈性的欲望〉〈性的行動〉などの訳語を与えてきた « sexualité » との、フーコーによる区分と、その関係に触れておかねばなるまい。

プチ・ロベール辞典なども示すように、« sexe » は、男・女の生殖器官の差異とその差異に基づくそれぞれの機能、及びその〈性器〉そのものを指すが、同時に、性的衝動をも意味することができる。それに対して、« sexualité » は、有性であることの性質を指したが、フロイトの『性欲論』の訳語として用いられ、一九二五年以後、「性衝動とその充足に関係する行動の総体」を意味するようになったという。したがって、フランス語の語法としては、当然、生物学的・解剖学的・生理学的現実態としての〈性〉がまずあって、そこから必然的・自然的に発現する行動の総体、つまり〈性行動〉の総体が〈セクシュアリテ〉だということになる。

しかしフーコーの観点は、この発想を二重に逆転させることにある。十九世紀ヨーロッパにおける〈性の科学〉の成立が、まず、異常な性欲や性行動――フーコーが〈周縁的性行動《セクシュアリテ》〉と呼ぶもの――を狩り出し、その狩り出した場所に定着させることで始まったように、〈セクシュアリテ〉というもの自体が、権力と知の仕組み＝装置によって形成されたものなのであった。したがって、まず〈セクシュアリテ〉を、「権力が追いつめようとする自然的与件、知が徐々にその覆いを剝ごうとする不可解な領域」、「いわば地平下の現実」と考えるべきではなく、「表面に拡がる大きな網の目であり、そこでは、肉体への刺戟、快楽の強化、言説への煽動、知識の形成、管理と抵抗との増強が、知と権力の大きな戦略によって、互いに連鎖をなして繫がっている」ようなものとして想定しなければならないのだ（一三九ページ）。それに対して、このような〈セクシュアリテ〉という仕組み＝装置が、十九世紀以来、発展してくるなかで――それは従来の〈婚姻の仕組み〉に組み合わされていくのだが――、「身体や器官、身体上の部位や機能、解剖学的－生理学的システム、感覚、快楽などとは別の何物かが存在し、それは内在する固有の特性と法則をもつものだ」（二〇一ページ）という考えが形成された。これが今日〈性《セックス》〉と呼ばれるものに他ならないのである、と。言い換えれば、〈性《セックス》〉は普遍的本質ではなく、〈セクシュアリテ〉という名で呼ばれる〈性の原理・領域〉に歴史的に依存したものであり、そのような〈セクシュアリテ〉による権力装置の内部で定められた「想像上の地点」であり、それによって個人が己れ自身を理解し、己れの身体の総体を手に入れ、己れの自己同一性を確立するものと考えられるに至ったのである。

〈血〉と〈性〉

ところで、「性的欲望という仕組み=装置」の第三節「時代区分」が指摘するように、歴史的に見て、十八世紀以来、その重要な部分に関しては教会の制度から離れた「性についての新しいテクノロジー」が生まれ、性が、教育・医学、生産-配分の関係を介して、国家の問題となり、社会の構成員全体が自ら監視しなければならぬような問題となった。それは何故か。

この点について、フーコーはまず、性についての関心と監督を強化したのは経済的に特権を握り、政治をリードしていた階級であり、つまり町民階級や貴族階級の家族であったことに注目する。たとえば、少年の〈性的悪習〉についての監視は、召使いや家庭教師に囲まれたこれら裕福な階級の家庭の子弟に対してなされたのであり、〈神経症〉にかかる女、つまり〈ヒステリー女〉もまた、まず同じ階級から出た。それは何故か。

フーコーによれば、それは、ブルジョワジーが己れの〈性〉を重要視し、〈性〉こそ脆い宝、どうしても知らねばならぬ秘密と見做したからであるという。それは貴族階級の身体の論理の変形によってなされた一つの歴史的な選択であった。己れの〈身体〉(corps)に最も高い政治的な価値を与えたのはブルジョワジーが初めてではなかったし、貴族階級もまた、自己の〈身体の特殊性〉を主張することで自己を主張していた。しかし、貴族においてその〈身体〉を他と区別していたのは、その〈血〉であり、如何にその〈血〉が古く、かつ婚姻の絆によって優れたものとなっているかが問題なのであった。それに対して、ブルジョワジーは、自らに〈身体〉を与えるためには、過去や祖先をではなく、未来を、子孫のほうを見、その健康な存続を志向した。「ブルジョワジーにとっての〈血〉とは、その性《セックス》なのであった」(一六四ページ)。〈性〉を根拠とする〈身体〉とは、日本語の語感からは〈肉体〉と呼ぶほうが適わしい何物かである。ブルジョワジーが結婚に際して、単に経済的・社会的な慮《おもんぱか》りのみならず、〈遺伝〉の脅威に大きな関心をはらったのもそのためである。このような意味における肉体(corps)を価値として立てる企ては、繁栄と政治的権力独占と密接な関係にある。その支配の一部は少なくとも、この肉体の〈育成〉にかかっていた。

この〈血の原理〉から〈性の原理〉への移行は、政治権力そのものの様相をも変えた。かつて君主がもっていた臣下の死を要求する権利から、現在の政治権力は、市民を生かすことによってその力を発揮するという転換が起きたのである。この〈生への権力〉と歴史の舞台への

〈生〉の登場が、最終章「死への権利と生に対する権力」の中心命題となり、性現象と〈人口〉の問題へのアプローチが語られる。

しかしながら、この〈血の原理〉に基づく権力体制と〈性の原理〉に基づくそれとが、単純に入れ替わるわけではない。十九世紀後半から、〈血のテーマ系〉が、「性的なるものを通じて行使されている政治権力に活力を与え、それを歴史的な厚みで支えるために動員される」という現象が起きた。ナチズムの人種政策がその典型であり、社会全体を優生政策の枠組みのなかに組み込むと同時に、〈至上の血〉という神話的幻想を煽り立てた。ところで、精神分析も、〈性的欲望〉のテーマ系を〈掟〉と〈象徴秩序〉と〈至上権〉のシステムのなかに再編入しようという意味では、〈血の原理〉と〈性の原理〉の交叉であったが、〈性的欲望〉の日常性までも管理しようとする権力に対抗して、〈性的欲望〉そのものの原理として近親相姦の禁止や至高の〈父〉という掟を与えた点で、ファシズムへの実践的・理論的対立者となり得たのである。しかし、サドやバタイユに根拠を求めつつ反体制であることを志向しても、〈性的欲望＝行動〉を掟や死、血や至上権の場として考えるのは、歴史的には一つの〈逆行的な〉捉え方だとフーコーは付け加える。こうして、再び「性《セックス》というものは性的欲望《セクシュアリテ》＝行動に歴史的に依存している」という命題が展開され、この〈セクシュアリテという権力装置〉に対する反抗の手がかりは、〈欲望である性〉ではなく、〈身体〉と〈快楽〉の新しい生産・配分の関係を想定することだとして、この序論は終わるのである。

〈性の科学〉と〈性愛の術〉

ところで、この序説が『知への意志』と題されていることの意味をもう一度振り返っておこう。フーコーにとっての〈性の歴史〉は、性風俗の歴史などではなく、また単なる性行動の歴史的分析でもない。それは、性を〈セクシュアリテ〉として、真理探求の場とする態度の分析であり、近代科学的な意味では必ずしもないにせよ、性を一つの科学的探求の対象とする思考の系譜学なのである。

『海』に抄訳した「性の科学」の章は、そのような〈性の真理〉を求める〈知への意志〉の発現である〈性の科学〉(scientia sexualis)をもつキリスト教的西洋世界と、古代ギリシアやローマ、あるいはイスラム、伝統的東洋のように、〈性愛の術〉(ars erotica)をもつ文明との対比が語られている。この点は、本書に収めたフーコーの他のテクストにも述べられているから繰り返さないが、現代の日本のように、性に関する考えや態度が歴史的に重層している状況では、色々な疑問も生ずる。ただ、フーコーの言わんとするところは、性に対する態度が、真理を求める知への意志に貫かれており、したがって〈言説化〉への意志がある場合と、そうではなくて、弓を引くのを学ぶように、一つの〈術〉として〈性愛の術〉を学ぶ態度を基本とする場合とで、文明のタイプが二つに分かれる、ということである。

真理は言説化されることによってのみ真理であるという西洋的思考と、体で会得してしまうような東洋的な術との対比がそこにあることは言うまでもないが、ただ事をそこに限るわけにはいかないようだ。フーコーが〈身体と快楽〉を〈欲望である性《セックス》〉に対立させる必要を感じるのは、〈身体の政治的テクノロジー〉を身体そのものによって逆転させようという意図だとも言えるからである。

〈性愛の術〉は、「如何にして己れの身体から快楽を引き出し、それを高めるか」を教える術だと言う。しかしその際に、フーコーは、ライヒ的な〈性欲の解放〉の理論と一線を画すことを忘れない。フーコーによれば、〈性の解放〉の主張は、何よりも〈オルガスム中心思想〉によって非常に限界のあるものであり、しかもそのオルガスムは、自己の〈欲望＝性欲〉の認識を前提としているからである。この解放すべき〈欲望〉という考えそのものが、実はセクシュアリテの一構成要素にすぎず、キリスト教の司教規律と良心の検討の技術が、〈肉欲〉の形で他と区別して取り出したものに他ならない。それはキリスト教の告解の規律から精神分析に至る、自分自身の無意識の読解の中心をなすものであるし、そのような〈欲望〉を中核に、自己自身についての意識、すなわち〈主観性〉が形成され、自己を自己自身へと強制的に結びつけられることになる、というのがフーコーの論旨である。

身体とは、キリスト教にとっては、そのような調査の対象に他ならず、その限りで真理産出の場ではあっても——そのようなものとして〈身体の政治的テクノロジー〉の装置に組み込まれるわけだが——決して〈快楽〉を得るための道具ではなかったのである。言い換えれば、〈欲望〉の解放という視座からではなく、〈快楽〉の強化の術によって、主体＝主観性の限界を打ち破ろうとする〈身体〉の捉え返しであって、そこにはニーチェからバタイユ、クロソフスキーに至る一種の極限的な体験が垣間見た地平が開けてくる。

ただ、フーコー自身も指摘するように、この〈性の科学〉には、〈分析する快楽〉、〈言説化による快楽〉という奇妙な快楽が認められるわけであって、それが〈性の解放〉の展望のなかで、〈性の科学〉と〈性愛の術〉の作用を錯綜させてもいる。たとえば日本の女性週刊誌における〈性の言説化〉は世界に冠たるものであるかもしれず、そこでは、西洋型の〈性的欲望の解放〉の原理に従って、性についてのより多くの知がより多くの性的快楽を保証するという原理に基づく言説的実践が見られるのである。フーコーは半分冗談に、それならば女性週刊誌は〈性の科学〉へ属し、男性通俗週刊誌は〈性愛の術〉に属するだろうと言っていたが、性についての言説の氾濫とだけ言っても、問題が明らかにならないことは事実であろう。

いずれにせよ、フーコーにとって——別のところではっきりと言われているように——セクシュアリテの歴史は、西洋世界における性についての知の、〈性の科学〉の歴史なのであり、しかもそのような知の形成は、フーコーの視座からすれば、一連の権力の技術と不可分であり、かつまた、西洋的人間における〈主体＝主観性〉の形成と表裏一体をなすものだったのである。

性と肉体と言説と

この『知への意志』は、今後の探求の大きな見取図を与えることを目的としているために、その論旨の展開は極めて鮮かであり、その〈神話破壊的〉手続きは、如何にも劇的であって、近来にない知的興奮を呼ぶ書物である。しかし同時に、資料的な裏付けなどは本論に残されているから、『文学半月誌』のインタビュアーが「分析を劇的にして、虚構の作品のようになった」文体と指摘したのも、あながち的外れとは言えない。それに対してフーコーは、この巻は実証的意図をもってはいず、一つの「序曲」であり、文体の調子の試演とテーマの粗描を目的にし、読者の反応を見ようと思っていると答え、また、「虚構のなかで真理を作動させることは全く可能」であり、自分はこれまで「虚構しか書かなかった」とも述べているが、たしかにこの書物の魅力は、そのほとんど〈幻視者的〉な書き方にあるように思う。

しかし、そこで語られている内実が、フーコーの創作であるという印象を受けないのは、たとえば〈告白〉と〈精神分析〉という〈性の真理を産出する手続き〉が、〈主体の学〉の成立と不可分な関係にあるという指摘一つをとっても言えることではなかろうか。たとえば、フランス語やフランス文学、あるいはフランス人、フランスという国と社会と文化とのつきあいを通じて西洋世界に問いかける習慣をもった私のような者には、常日頃考えていたり、あるいは漠然と感じていた西洋世界の根拠をなす幾つかの基本的な知の原理が、ここで極めて明解に分析され始めたように思われたからである。

特に、従来のフーコーの思索にあっては大きな〈不在〉のように思われていた〈身体〉の問題が、『監獄の誕生』における規律・矯正の仕組み、つまり〈身体の政治的テクノロジー〉と呼ばれたものに続いて、権力と知の仕組み＝装置の目標として立ち現われている。が、同時にそのような権力の〈ゲーム〉をかわす可能性の場としても暗示されているのであり、こうして、フーコーによる西洋的人間の系譜学は格段にその納得性を増したという印象を受けたのである。

今、フーコーの提言を性急に日本の過去や現在に当てはめるのは控えておこうと思う。もちろん、日本の近代化の歴史の上で、自然主義小説における〈告白〉、特に〈性についての告白〉の重要さや、自我の確立の上でキリスト教が果たした役割などはすぐ頭に浮かぶにしてもである。ここでは少し視点をずらして、ただ私の直接関心をもつ演劇の上で、フーコーの書物に触発されて気のついた事柄を記して、この小文を終えようと思う。その一つは、ラシーヌ悲劇のことである。

これまでのフーコーの考古学《アルケオロジー》にとって、十七世紀は常に特別な意味をもっていた。『狂気の歴史』はそもそも表題に「古典主義時代における」と書かれていたし、『言葉と物』では、言語が、物質的表徴と並存して〈世界の散文〉を織りなしていた十六世紀から、〈表象＝再現のシステム〉としての自律性を手に入れる十七世紀の〈古典主義の時代〉への断絶が、まず冒頭にあった。この現象は、演劇の上では、テクストとしての戯曲の他の表現手段に対する君臨と、したがって、作家の俳優に対する勝利に照応するものであり、こうしてフランス演劇の王道は〈劇文学〉となるのであった。

つまりラシーヌに集約態を見る古典主義演劇は、イタリア式額縁舞台の〈幻想の箱〉に、ひたすら作者の〈言葉〉が君臨する場であったわけである。このことは、文学史の教科書まで含めて、すべての書物が語っているところである。しかし、それでは、いったい、何故舞台であり、俳優の生き身の存在と肉声を必要としたのか。

そもそも十七世紀のフランス演劇は、新興町民階級《ブルジョワジー》による劇場の占拠の歴史であり、町民階級は、作者という形で、劇場の言葉を手に入れることで、文化的な権力奪取へと大きな一歩を踏み出していた。それは、したがって、まず第一に〈言説の次元〉における問題であったが、同時に、この事件が劇場で起きた以上、集団に対する幻惑力の中心としての俳優の〈身体〉の存在に関わる問題でもあった。

いわゆる法服貴族として、町民階級でありながら法の専門家であることによって、国王と新しい政治体制を作ることを夢見た階層に属するコルネイユが、封建貴族の〈血〉によって保証された存在の幻惑力に対抗し、それを超えるために、行動によって〈外見〉の幻惑力を顕揚する〈英雄〉を作り上げたことは、事を身体のレベルで考えてみると、極めて明快に理解できる現象だ。町民階級は劇場と言葉を手に入れただけではない。幻惑力の中心としての俳優の〈身体〉をも手に入れたのである。また、十七世紀演劇を、他の表現手段に対する分節言語の勝利という観点からだけ見れば、前代の道化役者の〈身体所作〉の演技を継承したモリエールは、十六世紀的な〈世界の散文〉を保有することで、反-悲劇としての喜劇を書いたことになる。しかし悲劇にも身体はあった。ただ言葉との関係が違っていたのである。

モリエールとの関係でラシーヌを読む時、そこには多くの類似点が見出されるのだが、その一つは劇行為の動因を〈人間の弱点〉に据えることであり、しかもその弱点のなかには、当然に〈性〉の次元が含まれていた。ラシーヌの独創は、〈道化〉のなかに保たれていた〈性〉という劇的な仕掛けを、――それは『タルチュフ』などでは、すでにある種の宗教性と結びついて、快楽の次元でも言説の次元でも、極めて危険な力となっていたが――悲劇の人物の中心に移し、しかもその人物の行動の包括的な根拠としたことである。

いまさら言うまでもなくラシーヌ悲劇は〈情念〉の悲劇であり、その情念は必ずしも恋愛のそれとは限らない。しかし、ラシーヌが精神分析的読解をそそる作家の典型であることが逆に雄弁に物語っているように、その情念は、たとえば『ブリタニキュス』の政治権力へのそれのようなものでさえ、性的な根をもっている。ラシーヌ悲劇の恋の情念は、宮廷的な恋の典礼や、また単なる心理的メカニズムに留まるものではなくて、さらに深層の何物か、いわば、フーコーの指摘するように、〈性の真理〉こそがその人間の〈真理〉そのものであるような人間の捉え方がそこには垣間見られていて、しかも当然のことながら、情念としての〈性〉の力は〈身体〉を場として荒れ狂う。表現そのものにおいてあれほど禁欲的かつ抽象的で、劇そのものも言語表現の次元に収斂してしまったようなラシーヌ悲劇が、情念による自己喪失を常に身体の次元で語っていることの意味を強調したのはロラン・バルトであるが、この徹底的に〈言説的な〉悲劇は、同時に、身体の深層から立ち現われるエロス的力による身体の変容によって初めてその完全な演劇的機能を達成するものだ、とさえ言えるのである。しかも、やはりバルトが指摘したとおり、そこでは〈性別〉そのものも解剖学的・生理学的本質としては設定されておらず、人物間の〈力の関係〉によって決定され、変更されている。さらにまた、ラシーヌ悲劇における〈告白〉の劇的・演劇的重要さは、何よりもまず〈告白の悲劇〉である『フェードル』が極めて雄弁に語っているところでもあった。（ロラン・バルト『ラシーヌ論』、渡辺守章訳〔みすず書房、二〇〇六年〕を参照。）

悲劇の人物の〈身体〉は本来〈血の原理〉で存立する。しかしラシーヌはそれらを〈性の原理〉に転換しようとする、というか、そこでは〈血の原理〉としての肉体の栄光が保証されるのは〈性〉という契機を介して体験される身体の受苦＝情念《パッシオン》によってであり、しかもその〈性〉は未来に向かって開かれたものではなく、過去へと、〈血の原理〉へと逆流しようとするものだ。本来、〈性〉によって捉えられている身体が〈血〉の身体へと逆転しようとする〈演戯〉、それがラシーヌ悲劇の身体を演劇的な幻惑の場として成立させているとは言えないだろうか。それはほとんどジュネの演戯を予告している。言うまでもなく、性はそこでは性として名指しで呼ばれてはいない。それはなお情念であり、典雅な恋愛用語の網の目を縁取るようにして透けて現われる黒々しい光である。性が性として呼ばれるには、十八世紀を待たねばならないだろう。しかし、今述べた黒々しい光は、この悲劇の真理を保有する真の〈深層〉の顕現としてこの舞台を支えていたように見えるのである。

ラシーヌ悲劇が演劇の地平に拓いた亀裂は、こうして、表象＝再現の自律的体系としての言説の場からだけでは説明できない。そうではなくて、〈性〉と〈知〉と〈権力〉とが〈身体〉との場で織りなす〈演戯〉によって、またそこに作り出される〈快楽〉によってこそ説明できるのではなかろうか。

〈性〉の真理と〈身体〉の問題を、〈権力の関係〉において据え直す時、それは、ラシーヌに限らず、多くの演劇について、有効な〈読解格子〉の一つとなるように思われる。〈五月革命〉の前後から氾濫した〈肉体の演劇〉の多くのものを成立させている大きな〈網の目〉も、当然そこには立ち現われて来るはずである。

たとえば、アルトーの復活との関係で引かれることの多かった二つの〈肉体の演劇〉、すなわち「リヴィング・シアター」とグロトフスキの「実験室劇場」とは、前者は直接にライヒ的〈性の解放〉を謳い上げ、後者は俳優の身体演戯形成の根拠に精神分析的無意識の読解＝解放を前提としている点で、共に極めて性的な肉体の演劇であった。「リヴィング・シアター」は、まさにフーコーの批判する〈抑圧の仮説〉そのものの暴力的な舞台化によって登場したし、グロトフスキは、ヨーロッパの辺境としてのポーランドが保有している土着的なカトリックの想像力を現代の不安に繋ぎ木する回路として、俳優の個人の無意識の〈深層〉を解き放とうとした。そこで問題にされた身体とは、フーコーが性的欲望を核にして形成される身体についての主観性という形で提示した〈キリスト教的肉体〉に他ならなかったのであり、そのような〈肉体〉であったからこそ、これらの舞台は、西洋文明の大いなる〈神話〉を、一つの〈力関係の劇〉として喚び出すことができたのである。

六〇年代末からの、我が国における一連の〈肉体の演劇〉の場合にも、事情は全く異なるが、〈身体の政治的テクノロジー〉との関係で言えば、ある種の類推的関係を認めることができる。身体的な知＝技能をそのまま積極的な価値として認めるのが我が国の伝統的な芸態の原理だったと考えるならば、六〇年代末の前衛劇における〈身体訓練〉は、それとは異質の屈折したものをもっていたように思う。そこには、多かれ少なかれ、〈性的なるもの〉が人間の真実を構成するという発想が認められたというだけの問題ではない。恐らく、新劇が唾棄した、軍閥ファシズムによる身体の政治的テクノロジーという野蛮——それは一見、伝統的な身体的知を文化的価値として掲げていただけに、精神的蛮行とも映じたわけだが——それを、意識的に演劇作業の場に持ち込むことによって、日本人にとっての〈肉体〉というものの実践的再読解を企てるものだったのではないか。ちょうど、六〇年代西洋型肉体の演劇の原理が、キリスト教的肉体が蒙ったとされる〈抑圧〉の受苦の劇を、俳優の肉体において劇的に再現することであったのと極めて似たことが、軍閥ファシズムによる暴力を封建制の抑圧の神話的劇へと、俳優の身体において繋げていくことで実現されていたように思えるのだ。

言うならば、身体に対する〈芸態的テクノロジー〉と〈政治的テクノロジー〉との狭間にあって、まさしく両義的な感情をもって対された身体であって、そこに必然的であるかのようにまとわりついていた〈怨念〉のテーマ系と、それが読み直される上で出会う〈性的な根〉とは、この身体をやはり肉体と呼ばせるような何物かなのであった。

　したがってそのような〈肉体〉が、われわれの深層に潜む〈神話〉を目覚めさせたのは、単に共時的な民族学的体験だったのではなく、極めて時代的かつ歴史的な事件でもあったのである。

〈性〉と権力

ミシェル・フーコー

東京大学教養学部における講演「〈性〉と権力」と朝日講堂における講演「西洋世界における哲学者と権力」は、二重の意味で、現在のフーコーの立場を理解するのに極めて重要なものであった。西洋世界における〈性〉の歴史に取り組んでいる哲学者ミシェル・フーコーの現在の研究の枠組みや作業仮説を理解する上でも、また、常に尖鋭な政治的意識の上に立って、あの膨大な〈資料《アルシーヴ》読み起こし〉を遂行している哲学者の姿勢を理解する上でもである。

フーコーの『監獄の誕生』を動機づけていたものの一つは、いわゆる「収容所列島」としてのソ連における強制収容所の問題であり、反体制知識人に対する徹底的な監視・管理・矯正の巨大なメカニズムであった。伝統的なヒューマニズムなどというものは歯牙にもかけぬ、このような現代の肥大した権力の管理装置をあばくには、もっと慎ましやかな「権力の分析学」こそが必要だとして、フーコーはキリスト教によって導入され、十九世紀以降、世俗的権力によって引きつがれていく〈牧人＝司祭型権力〉に着目し、その生成と構造を問うのである。これが『性の歴史』の第二巻『キリスト教的肉体』のライトモチーフであることは、今回の二つの講演で明らかにされている。朝日講堂における講演のなかでも述べられているように、哲学は見えるものを見えるようにすることだとするフーコー。彼が企てた〈視線の転移〉は、ここでも実に見事であって、その分析を聞くものをして、今まで見ていながら見えていなかったものが一挙に見えてくる、いわば目から鱗が落ちるような体験をさせる類のものだと言っても過言ではあるまい。

特に、伝統的にヨーロッパでは、反体制的言説が反教会的言説であり、俗に言えば「坊主憎けりゃ袈裟までも」の論理による意識的な蔑視があって、キリスト教とその教会が果たしてきた膨大な役割に意識的に盲目であろうとし、見ないことで屠《ほふ》り去ろうとする傾向がある。その点、フーコーの分析は、実はどう考えても最も重要であったはずのキリスト教的人間としての西洋的人間の核心に迫るものだとは言えないだろうか。ここでは、西洋的人間が〈個人〉として、〈個人〉が自己について持つ意識としての〈主観性〉という形で成立する過程が、キリスト教の宗教的権力の根拠として分析されていく。〈主観性（subjectivité）〉は言うまでもなく〈主体（sujet）〉から作られるわけであり、日本の近代化の過程の上で、キリスト教が自我の確立に果たした役割への省察にもわれわれを導くものだろう。それは、ちょうど、〈性〉の真実の探求が人間の真実のそれであると考えたある種の自然主義文学と同じ思想的地平に立つものであった。しかしフーコーは、〈主体《シュジェ》〉から作られるもう一つの語、〈隷属（assujettissement）〉を〈主観性〉の成立と表裏一体の運動として立てる。それは文字通りに〈sujet 化〉であるが、ここでは主体ではなく〈臣下〉の意味において、隷属なのである。それは現代の〈西洋型社会〉における権力の監視・管理装置を下から支えるメカニズムに他ならない。

それを言い換えれば、〈主体化〉の対極には〈非‐主体化〉があるはずである。フーコーの言説のいわばこの〈虚焦点〉には、十九世紀後半からの、たとえばフランスの文芸、ランボーやマラルメにおける〈主体〉の解体の運動を思い浮かべなければなるまい。

ヘルダーリン、ニーチェ、アルトー、バタイユ、ブランショという、かつてのフーコーの言説に呪符のように繰り返されていたあれらの〈狂気〉の言説、もう一つの言葉は、この権力の分析学にも、遥かな木霊として、いやひょっとしてある意味では一層過激に増幅された分身として、鳴り続けているようにも思う。なお、この二つの訳文では、« sexualité » の訳語として、性的欲望、性行動、性現象など、個々の訳語を当てたほうが分かりやすい場合を除いて、単に〈性〉としてある。また「〈性〉と権力」の講演では、« corps »（身体）と « chair »（肉体）の対比的使い分けも鮮明であることを、付け加えておく。

……今も言われましたように、私の書いた書物や雑誌論文の多くが日本語に翻訳されていることを考えると、そこで述べたことを繰り返し、一種の教説《ドグマ》のように語るというのは、如何にも慎しみを欠くことに思われます。私としては、自分の研究が今どうなっているか、どういう問題に関心があるか、そして現在企てている仕事を支えている幾つかの仮説がどのようなものかをお話しし、それについて皆さんの意見を伺うほうがよいと考えました。もちろん皆さんに分かっていただくようにできる限り明快に話すつもりではありますが、不明なところや質問がありましたら、遠慮なく私の話を中断してくださって結構です。

なぜ〈性《セクシュアリテ》〉か——二つの様相

という訳で、今日お話ししようと思うのは、私の研究の現状での成果ですらもなく、幾つかの仮説なのです。現在私の仕事は、『性《セクシュアリテ》の歴史』であり、六巻の著作を出すなどと軽率にも予告してしまったあの研究ですが、六巻までいくかどうかは別として、このテーマに関連して、幾つかの問いがあり、それが適切に論じられれば重要な意味をもつことになるだろう、ということは言えます。適切に論じられればと申しましたが、まずその〈問い〉そのものを提出する必要があるでしょう。

〈性の歴史〉を書くというのは、私にとっては何を意味するのか。私の関心を惹いていたのは、まず次の点です。フロイトと精神分析が出発点としたのは、十九世紀後半の精神病理学において、いや一般に同時代の社会において、西洋文化の内部で、極めて重要になっていたあの奇妙な現象——周縁的であるにもかかわらず精神病理学や一般に心理学の研究者達を強く惹きつけていた現象——つまり〈ヒステリー〉でした。

ところで〈ヒステリー〉とは、主体が自己の過去あるいはその身体を一塊りに忘却する、あるいは認識しないという現象です。この主体による自己の忘却ないし否認を、フロイトは、自己の一般的な忘却ないし否認ではなく、主体による自己の〈欲望〉の忘却ないし否認だと考えた。まさにこれが精神分析の出発点だったわけです。以後フロイトは、この主体による自己の欲望の否認という観点を、理論的分析の上でも実践的調査の面でも、最も一般的な手がかりとして用いていく。「あなたの欲望の否認はどうなっているか」というのが、フロイトが常に患者に発した質問だったのです。

ところで、この問題が如何に豊かで、また如何に豊富な結果をもたらしたとはいえ、私には、同時に、もう一つの、ほとんどこれとは正反対の現象があったように思われるのです。それは私が性の領域における〈過剰な知（sur-savoir）〉と呼ぶことができるようなものであり、その内実においても拡がりにおいても極めて細分化された知の過剰なのです。それは個人のレベルではなく、文化的・社会的レベルにおいて存在した理論的形態の〈知〉だった。西洋世界の文化は、この時期に、性的な事象に関する知と理論と科学の異常な発展を体験していたのです。

つまり十九世紀末の西洋社会には、極めて重要な二重の現象が存在した、とは言えないでしょうか。一方には、〈主体による自己の欲望の否認〉という、一般的ではあるがしかし個人のレベルでのみ認識可能な現象があり——それはなかんずくヒステリー症状として発現した——

他方には、同時に、性的現象についての文化的・社会的・科学的・理論的な〈過剰の知〉が存在したのです。

この二つの現象は相容れないものではなく、共存していました。したがって、問題は、われわれの社会においては、如何にして、このような性的欲望についての理論や分析の産出と、自己の性的欲望についての否認とが、同時に生じたのかを知ることであります。この問いに、精神分析は直接に答えなかった。この問いを全く知らなかったわけではないが、精神分析の傾向は、西洋社会における性的欲望についての理論や言説の過剰な産出は、主体としての個人のレベルにおけるその否認の結果であると主張することにあります。それどころか、精神分析に言わせれば、このような個人における性の否認が続くためにこそ、大昔から、性に関する誤った、非合理的・情動的・神話的言説が産み出されてきたのです。大雑把に言えば、精神分析は、性に関する知に対しては、二つの方法でしか対処しなかった。第一は、〈性〉に関する知の母型として、幼児における性器の差異の認識に発するいわゆる幼児期のファンタスム形成を仮説として立てることであり、その第二は、西洋世界の宗教的な大きな〈神話〉を出発点とすることです。しかしそのいずれにせよ、精神分析は、〈性〉に関する理論の産出を真面目に問題にしなかったことは事実なのです。しかしこのような言説が大量に、しかも非常に長い時代にわたって生産され続けたことは事実であり、少なくともそれは聖アウグスチヌスや初期キリスト教の時代にまで遡り得るものであって、それを神話的言説やファンタスムの理論というモデルによって解決してしまうことはできないのです。

こうして〈性〉の歴史を書こうとする私の計画は、従来の展望を逆転させることにあったのですが、しかしそれは精神分析が間違っているとか、また、われわれの社会で主体による自己の欲望の否認が存在しないなどと言うためでなく、何よりもまず、今述べたような〈性〉についての知の過剰産出を、それ自体のために、それ自体において、それに固有の地平とそれに固有の起源と固有の形態において分析する必要がある、と主張するためなのです。そして第二には、〈欲望に関する知〉の合理的根拠を以て任ずる精神分析が、どのようにして、この〈性〉に関する知の過剰生産という大きな経済関係の一部をなしているのかを分析することなのです。

これが現在の私の仕事が問題にしているところであり、それは決して反‐精神分析の企てではないのであります。

　ところで、このような〈性〉に関する理論的な知の過剰生産を研究しようと思うとき、まず第一に関心を惹く特徴は、西洋世界が〈性〉について語る言説は非常に早く科学的な形態を取る、という点であります。それは毫《ごう》も、これらの言説が合理的であるとか、科学的真理の規準に叶っているとか言うことではない。しかし、精神分析に先立って十八世紀の心理学が、あるいは十七世紀の、いや中世以来の道徳的神学が、当時は〈肉欲〉という形で〈性〉を論じながら、常に、合理的、科学的な言説であるとして自己を主張してきたのです。これこそ西洋世界とある種の東洋の社会との根本的な違いの一つだと思われるのです。

　すでに『知への意志』で触れたように、一方には、〈性〉について科学的言説を立てようとする社会があり、他方には、〈性〉についての言説が同じく広汎かつ多量に存在しても、しかしそれが科学を確立しようとするのではなく、一つの〈術《アール》〉を決定しようとする社会がある。性的な関係あるいは性器によって最大限の快楽を引き出すことを探求する〈術〉であり、東洋のみならず、古代ギリシアやローマにも認められるものです。

ところが、西洋世界において中世以来存在している言説は、これとは全く違う。西洋には〈性愛の術《アール・エロティック》〉は存在しないのです。どのように愛したらよいか、どのようにして自己と他人とに性《セックス》を通じて最大限の快楽を生み出したらよいのかを教えてはくれない〈性の科学〉は、快楽を高めるにはどうしたらよいかを教えるのではなくて、〈性〉の〈真実〉とは何かを探求するものだからです。この点について、私は、私とは文化的バック・グラウンドの異なる皆さんと議論したいと思うのです。日本や中国の社会において、〈性愛の術〉とはどのようなものであり、どのようにして展開してきたかを知りたいからです。ほぼ同じ時代に、東洋では〈性愛の術〉が生まれ、西洋では〈性の科学〉が生まれた、というのを比較研究することは興味深いことだと思われます。

話を西洋世界に戻して、私が『性の歴史』で企てようとしていることは、まさにこの〈性の科学〉の歴史なのです。〈性〉についての概念や理論がどのようなものであったかを研究するのではなくて——それこそ〈性〉についての百科事典になるでしょう——私が問題にしているのは、何故、西洋世界、ヨーロッパ社会においては、これほどの長きにわたって、〈性〉について の科学を形成させてきたのか、その理由は何なのかを問うことです。言い換えれば、何故、われわれヨーロッパ人は、千年も前から性《セックス》についての真実を知ることのみを心がけて、その快楽を高めることを試みなかったのか、という問いなのです。

キリスト教と〈抑圧の仮設〉

この問題を扱うにあたって、すぐ頭に浮かぶシェマ、仮説があります。西洋においてはフロイト以後、フロイトや政治的・社会的・文化的な様々な運動のおかげで、かつて〈性〉が虜となっていた拘束から〈性〉を自由にしたし、幾世紀にもわたって沈黙を課せられていたことをようやく語るようになった、つまりようやくわれわれは〈性〉を解放し、〈性〉について自覚をもつための条件を作り出しつつある、それまでは、ブルジョワジーの道徳とキリスト教の道徳の重圧とが、〈性〉を問題にすることをわれわれに禁じていたのだ、という説です。言い換えれば、通常用いられる歴史のシェマは、三つの段階を前提としている。第一の段階は古代で、そこでは〈性〉は自由であり、自由に表現されていたし、〈性愛の術〉をもつ社会だった。そこへキリスト教が介入してきて、西洋世界の歴史のなかでキリスト教は、初めて〈性〉に対し大きな〈禁止〉を課した、つまり快楽と性《セックス》そのものを禁止の対象とし、そこから〈性〉についての沈黙が強制されたが、それは主として〈道徳的禁止〉であった。そこへ十六世紀以降、経済的支配と文化的独占主導権をもつに至ったブルジョワジーが、このキリスト教の禁欲主義、〈性〉の拒否を利用し、かつ従来よりも一層厳密な形で、一層厳密な手段によってそれを適用するに至った。それは十九世紀まで続いたのであり、フロイト以後、ようやくそれに対する反抗が始まった、というものです。

この西洋世界における〈性〉の歴史の伝統的シェマは、第一に、問題を、抑圧の、禁止のメカニズム、拒絶し排除するメカニズムからのみ捉えること、第二には、この〈性〉に対する西洋世界の大きな拒否の責任をキリスト教に押しつけることによって、成り立っていた。キリスト教が〈性〉に対して〈否《ノン》〉を発したというわけです。

ところが、このシェマは、正確ではなく、様々な理由で用いることはできないものなのです。『知への意志』においては、私は主として方法の問題にこだわっていたので、〈性〉の歴史を書くのに、通常、禁止や否定の作用に与えられている特権を疑ってかかり、逆に〈性〉を煽動する仕組みから分析するほうがより興味深いのではないかと述べたわけです。しかし、今日ここでお話ししようと思うのは、今述べたシェマに対する第二の反論であり、方法上の反論ではなく、事実からする反論なのです。

ローマ帝国における〈性〉

その反論の一つは、私ではなく、古代ローマ史の専門家であるポール・ヴェーヌという歴史家の研究によるものです。彼はキリスト教以前のローマ社会における〈性〉を研究して、断片的ではありますが、一連の論文を発表している。彼はそこで非常に重大な発見をしているので、まずそれを取り上げておかねばならないと思います。

周知のように、〈性〉についてのキリスト教道徳の特徴を要約し、かつそれを、いわゆる異教的道徳、つまりギリシア・ローマの道徳と対比させようとする時には、次のように言われるのが常です。第一には、古代社会に〈一夫一婦制〉を強制したのはキリスト教である、第二には、〈性〉に唯一絶対の機能として〈生殖〉の機能だけを認めたのはキリスト教である、第三に——私はこれから始めるべきだったかもしれませんが——一般に性的快楽に価値を認めず、それはできる限り避けるべき悪であり、したがってこの快楽には最小限の重要さしか認めない、としたのもキリスト教である、と言うのです。つまり、性的快楽はできるだけ避け、子供を作る時だけ止むを得ずそれを利用し、かつその利用は、一夫一婦制の正当な夫婦関係でしか認めない、という三つの特徴がキリスト教を定義するものだ、と言うわけです。

ところで今引いた歴史家の研究によれば、この三つの特徴は、すでに、キリスト教出現以前にローマ世界に存在していたこと、そして、主としてストア哲学起源の道徳が――それはローマ帝国の社会的構造やイデオロギーに支えられていたわけですが――キリスト教より遥か以前から、これらの原則を、ローマ帝国の住民に教え込み始めていたことが明らかにされています。結婚して、女としては妻しかもたない、性行為は子供を作るためだけのものだ、性的快楽はできるだけ慎しむ、この三つの原則は、キリスト教が登場した時に、すでにローマ帝国においては承認済みのことだった。したがって、通念に反して、キリスト教は、これら一連の〈性〉に関する禁止や制限には責任がなかったのです。一夫多妻制、結婚以外の性的関係、性的快楽の追求、子供を作ることへの無関心、これらはすでにローマ社会からは追放されており、それをなお享受していたのは、ほんの一握りの特権階級にすぎなかった。

それでは、この〈性〉の歴史において、キリスト教は何の役割も果たさなかったと言うべきでしょうか。私に言わせれば、キリスト教はたしかに一つの役割を演じたが、しかしその役割は、新しい道徳的観念の導入とか、新しいタブーの強制とかでなく、むしろ、新しい技術を導入することにあった。この道徳を課するための新しい技術であり、これらの道徳的要請を教え込むための一連の権力のメカニズムであった。言い換えれば、道徳的観念や倫理的禁止の側からではなく、権力のメカニズムの側から、西洋世界におけるキリスト教以来の〈性〉の歴史は書かれねばならない、ということなのです。

そこで当然生まれる問いは、キリスト教がローマ世界に導入し、すでに認められていた禁止事項を価値あらしめるに至ったこの新しい権力のメカニズムとは如何なるものか、という問いでしょう。

〈牧人＝司祭制〉

この権力は、普通に〈牧人＝司祭制〉（pastorat）と呼ばれているものであります。すなわち、社会の内部に、必ずしも単にその社会的身分、職業、個人的能力によってのみ定義されるわけではないが、同時にこれらすべての条件も含んでいるような、非常に特殊な、奇妙な人間の範疇が存在して、彼がキリスト教社会で〈牧人〉（pasteur）の役割を果たす、ということに他なりません。他の個人に対して〈牧人＝羊飼い〉の役割をするので、言い換えれば他の人々は彼にとっての〈羊〉あるいは〈羊の群〉ということになるわけです。古代ローマ社会において、このような形の権力が、このような形の依存と支配の関係が導入されたことは、極めて重要なことだったのであります。

まず第一に指摘しておくべきことは、古代のギリシアやローマの社会には、一社会の内部で、ある種の人々が他の人々に対して、彼らの誕生から死まで、羊飼いの役割を果たす、ということは想像もできなかった。プラトンにとって〈王《バシレウス》〉とは、羊飼いではなく〈織工〉であった。つまり社会内の多様な個人を糸のように用いて、美しい織物を作り上げる人間なのです。市民は糸であって、決して羊飼いにとっての羊の群のようなものではなかった。

反対に、首長が臣下を羊の群のように考えるという思想は、地中海世界東部、つまりエジプトやメソポタミア、アッシリアには見出されるのです。なかでもユダヤ社会においてそれは顕著でした。ユダヤ人にとって、羊の群と羊飼いというテーマは根本的なテーマであり、宗教的・政治的・社会的テーマであった。神はその民族の羊飼いであり、エホバの民はエホバの羊の群であったわけです。イスラエルの初代の王ダヴィデは、神の手から、一民族の羊飼いたるべき使命を授かるのであり、ユダヤ民族の救いは、〈羊の群〉がついに〈羊小屋〉に戻り、神の懐に帰ることができた時に得られるのでした。

それでは、ギリシアやローマには存在せず、エジプト、アッシリア、ユダヤ等には大きな展開を見たこの〈牧人型権力（pouvoir pastoral）〉とは、どのようなものであったか。

第一に、それは王、皇帝、裁判官などの通常の政治権力とは異なって、領地に対して及ぶものではない。この権力が対象とするのは、多様な個々人であり、かつ移動する群のなかにいる個々人である。移動する多様な存在の上に君臨すること、これこそが〈牧人〉を特徴づけるものなのです。

第二には、この〈牧人型権力〉において、その最も重要な機能は、勝利を得ることにあるのではない。それが発揮されるのは、〈征服〉によってではない。戦争から持ち帰る富や奴隷の数によってではないのです。つまり〈牧人型権力〉は、敵を痛めつけることを主要な機能とするのではなく、彼が守っている人々の幸せをはかるものだと言えます。それは全く物質的な意味においてそうなので、羊の群を養うこと、つまり餌を、よい牧草を与え、泉まで導いて水を飲ますという、個人と集団の生活を保障することであり、これが他の勝利者的権力とは異なる点なのです。

〈牧人的権力〉の第三の特徴は、それが羊の群の生活を保障することを役割とすることから生じるのですが、道徳的な性格を帯びた一つの義務、つまり本質的に献身的であるという責務をもっています。必要とあらば、己が牝羊のために自らを犠牲にするということなので、『聖書』の多くの名高いテクストが語っているように、「よき牧人、よき羊飼いとは、牝羊のためには己が生を犠牲にする者」に他なりません。伝統的な政治権力のメカニズムにあっては、よき市民とは行政者の命によって都市のために自らを犠牲にする者、よき臣下とは王のために一命を投げうつ者を言っていたのですから、それとは正反対なのです。ここでは王が牝羊のために自らを犠牲にしなければならない。

そこから、〈牧人型権力〉の〈個人を目指す（individualisant）〉という特徴が出てきます。たとえば王や行政官の場合は、領地内の住民の総体を救わなければならないのに対し、よき牧人とは、集団内の個々人を個々人として扱いその救いを考えることができる者でなくてはならない。もちろん、牧人は羊の群全体の救済を考えなければならないが、同時にその構成員一人一人の救済を保障しなければならないのです。

このような〈牧人〉のテーマ系は、ユダヤの文書には非常に頻繁に見られるものであり、またエジプト、アッシリアのある種の文書にも見られるものなのですが、その権力の特徴を要約すれば、（一）移動する多様な構成員に働きかけ、（二）自己犠牲を旨とし、（三）個人を対象とするものだ、と言えるのであります。

キリスト教的人間の成立

ところで、キリスト教がローマ帝国内で、政治的・社会的に一つの組織力となった時に、キリスト教は、それまでローマ世界には全く知られていなかったこの〈牧人型権力〉を導入したのです。ここではキリスト教がどのようにして教会に組織され、その教会内でどのようにして司祭がキリスト教共同体の牧人としての権能を与えられていくのかという具体的な経緯には触れないことにします。私の考えでは、四世紀、いやすでに三世紀から、キリスト教社会におけるこのような〈牧人＝司祭体制（pastorat）〉の組織化を通じて、以降のキリスト教西洋世界の歴史に、なかんずく、その内部における〈性〉の歴史にとって、極めて重要な結果をもつ一つのメカニズムが発展していったのです。

それではまず、西洋世界の人間にとって、〈牧人＝司祭型権力〉の存在する社会に生きるとは何を意味するのか。〈牧人＝司祭〉がいるということは、すべての個人にとって、自らを救う義務があるということを意味する。そこでは〈救い〉は、たしかに個人の問題には違いないが、しかし選択できる〔してもしなくてもよい〕問題ではないのです。キリスト教社会においては、自分は救われたい、自分は救われたくない、という選択の自由は存在しないので、個人はことごとく救いを求めることが、不可欠の条件となっている。「汝ハ救ワレル」、というか、「汝ガ救ワレルタメニハ全力ヲ尽クサネバナラヌ、モシ救ワレルタメニ全力ヲ尽クサヌノナラバ、ワレラハ汝ヲコノ世ノウチカラ断罪スルデアロウ」ということなのです。つまり、〈牧人＝司祭〉の権力は、すべての個人に、彼が救われるために全力を尽くすことを強制する権威を備えているのです。救いは義務づけられている。

第二の点は、この〈義務づけられた救い〉を、人は一人で企てるのではない。もちろん、救いは自分のためにするのだが、しかしそれは他者の権威を受け入れなければ果たすことができない。他者の権威を受け入れるとは、人が行なう一つ一つの行為が〈牧人＝司祭〉によって知られていなければならず、少なくとも知られ得るということであり、その〈牧人＝司祭〉は、個人と共同体に対して権威をもち、かくかくの行為はよいことかどうかを言うことができるということを意味するのです。

言い換えれば、すべての社会が古来体験してきた権力の古い法制度的構造、つまり法に違反すれば罰せられるという構造に、それよりは遥かに細かく、厳密かつ微妙な、もう一つの形の行動分析、もう一つの形の有罪化、もう一つの形の断罪が付け加わったわけであり、それを遂行するのが、個人に救済を義務として強制することのできる〈牧人＝司祭〉であり、救済のためには個人の行動のすべてを知り、それを監視し、少なくとも絶えざる監視と管理の力を個人の行動のすべてに及ぼし得る立場にある〈牧人＝司祭〉に他ならないのであります。

第三には、キリスト教社会においては、〈牧人＝司祭〉は、他者に対して〈絶対の服従〉を要求することのできる人物なのです。これも非常に重要で、また新しい現象であります。古代ギリシア・ローマの社会は、法を、行政官の権力を、さらには皇帝の権力という全く独裁的な権力までも体験していたが、しかし、誰かに向かって、全的な絶対・無条件の服従を要求するなどということは想像もできなかった。ところが、これがまさしくキリスト教社会における〈牧人＝司祭制〉の出現と共に生じたのです。〈牧人＝司祭〉は、個人に対して、自己の意志を強要することができる、しかも法という一般的規則に基づくのではなくて、彼自身の決断に基づいてそれができるのです。これが重要な点ですが、キリスト教において人が服従するのは、決してある結果に到達するためではない。決してある習慣とか能力とか、更にはある精神的価値を手に入れるためではない。絶対的な精神的価値とは、キリスト教にあってはまさによく服従するということに他ならない。〈服従〉は〈服従の状態〉へと導かなければならないのであり、服従することは、他のすべての美徳にとって根本的な条件なのです。そして誰に対して服従するかと言えば、それは〈牧人＝司祭〉に対してなのです。こうして人は、服従が普遍化されたシステムのなかにいるわけであり、かの名高いキリスト教的〈謙虚〉というものも、実はこの服従の内在化された形にすぎないのです。「私ハ謙虚ダ」の意味するところは、「私ハ、何人デアレコノ私ニ命令ヲ下シ、ソノ人ノ意志ノナカニ他ナラヌ神ノ意志ヲ認メルコトガデキタ場合ハ、ソノ命令ヲ受ケ入レルモノデアル」ということなのです。

〈牧人＝司祭型権力〉と〈主体＝主観性〉の成立

ここで私達の出発点である〈性〉の歴史に戻ることができます。キリスト教の〈牧人＝司祭制〉は、真理と真理の産出に関わる一連の技術、技法を導入したのです。キリスト教の〈牧人＝司祭〉は、言うまでもなく、古代の哲学者と同じく、教育します。彼は真理を、書き方を、道徳を、神と教会の命ずるところを、教えます。その意味では〈教師（maître)〉なのです。しかしキリスト教の〈牧人＝司祭〉が〈真理の教師〉であるのは別の意味においてなのです。一方では、彼は自分の責務を果たすために、彼の牝羊のすべてが、彼の羊の群の構成員の一人一人が行なっていることを、ことごとく、あらゆる瞬間に知っていなければならない。と同時に、彼は、彼らを内部から、つまり心のなかで、〈魂〉のなかで、個人の最も深層の秘密の部分で生起していることをすべて知っていなければならない。このような個人の〈内面性〉についての認識は、牧人＝司祭職の遂行の上で絶対に必要なものとされていたのです。

　ところで、個人の内面を知るとは、何を意味するのか、〈牧人＝司祭〉がそれについての分析・反省・調査の手段をもっている、ということを意味するわけですが、同時にそれは、キリスト教徒たるものはすべて、自分の〈牧人＝司祭〉に、己が魂の内密の部分で起きたすべてのことを言う義務がある、ということを意味します。なかんずく、キリスト教徒は、自己の〈牧人＝司祭〉に対して、キリスト教固有のあの実践、つまり全的かつ恒常的な〈告白〉という実践の義務がある。キリスト教徒は、自分の内部で起きていることを、彼の良心を教導する役割の人物に、絶えず告白しなければならないのです。この〈真理の産出〉こそが――その真理は〈牧人＝司祭〉は知らないでいたことだし、また主体自身も知らずにいたものだが、それを良心の検討や告解の実践によって明らかにしていく――、魂の教導を通じて展開されるこの〈真理の産出〉こそが、〈牧人＝司祭〉を、その羊の群並びに羊の群の構成員一人一人に結びつけている恒常的な絆なのです。〈主体内部の（subjective）〉真理の産出こそは、〈牧人＝司祭制〉の行使に根本的な要素なのであります。

〈肉体の成立〉——個人に対する管理装置

こうして〈性〉の問題に到達したわけです。キリスト教が発展しだした二世紀、三世紀頃に、キリスト教が相手にしなければならない社会はどんなものであったか。まず第一に、すでに述べたような道徳——一夫一婦制とか、生殖のための性行為とか、性的快楽の縮小化とか——は、この時期に社会的に確立していた。第二に、キリスト教は、自分の周囲に、いや先行するものとして、密度の高い宗教的生活のモデルをもっていたが、それは、ヒンズー教や仏教の修道生活であった。三世紀以来、地中海周縁のオリエント世界に拡がっていったキリスト教の修道士達は、多くの場合、仏教的禁欲主義の実践に習ったのです。

キリスト教は、このような幾つかの道徳的要請をすでに受け入れた世俗的社会と、この絶対的な禁欲主義の理想との間で、選択をためらっていた。その結果、キリスト教は、一方では、仏教におけるような禁欲主義を統御する、すなわち管理しつつ内在化することを試みると共に、他方ではローマ帝国の世俗的社会を引き受けて、それを内部から指導することができるようにしようとしたのです。

どのような手段でそれを行なったか。ここで問題になるのが、非常に難解なキリスト教的〈肉体（chair）〉の考えであり、現世を拒絶する禁欲主義と、宗教の外にある世俗的社会との間に均衡を保つ役割を果たしてきたものがまさにこれなのです。それは個人を彼らの〈性〉によって管理する権力だった。しかもそこでは、〈性〉は、第一には警戒すべき何物か、すなわち、個人の内部に常に誘惑と堕落の可能性を導入するものとして考えられていた。しかし同時に、そこで問題となっていたのは、身体（corps）に由来するものとして考えられていた。しかし同時に、そこで問題となっていたのは、身体（corps）に由来するものをことごとく害のあるもの、悪として拒絶することではさらさらなく――そうであったら再びラディカルな禁欲主義に陥ってしまう――、この身体や快楽や〈性〉を、家族や生殖の必要をもつ社会の内部で機能させることができるようにすることだった。そこから、〈性〉については比較的緩和された考えが生じるのです。キリスト教においては、〈肉体〉が切り捨てられるべき絶対の悪と考えられたことはない。そうではなくて、〈肉体〉は、〈主体（subjectivité）〉の内部にあって、個人の内部にあって、個人を一夫一婦制や生殖のための性的快楽の縮小という、すでに通用している道徳の限界の外へと導くような、〈誘惑〉の絶えざる源泉と考えられているのです。

したがってその道徳至上主義は、絶対的な禁欲主義と世俗的社会との中間に立つ緩和されたものであったが、しかし、キリスト教はそれを〈牧人＝司祭制〉という仕組み＝装置を通じて実現していったのであり、その装置の最も重要な部品は、内と外から微に入り細にわたって、

個人というものに基づいているのであり、彼自身と他人とが知った個人についての知識に基づいていているのです。言い換えれば、〈主観性（subjectivité）〉の形成によって、すなわち、自己の弱さ、誘惑、肉体について絶えず覚醒状態にある自己の意識を形成することによって、キリスト教は、禁欲主義と世俗的社会の中間にある、結局のところかなりありきたりで、さして興味深くもない道徳を機能せしめるに至ったのです。

内面化の技術、自覚＝意識化の技術、自己の弱さ、身体、〈性〉、肉体に関して自己自身を自己自身に目覚めさせる技術、これこそが、〈性〉の歴史にキリスト教がもたらした最大のものだと思われます。〈肉体（chair）〉とは身体の主観性そのものに他ならず、キリスト教的肉体とは、この〈主観性〉であり、個人が個人に〔主体＝臣下として〕隷属する行為（assujettissement）の内部で捉えられた〈性〉〈性的欲望、性行動、性的現象の総体〉に他ならず、この〈主体化＝隷属〉こそが、古代ローマ社会への〈牧人＝司祭型権力〉の導入の第一の結果だと言えるのです。

これはすべてまだ仮説の域を出ませんが、少なくともそれは、〈性〉の歴史においてキリスト教の果たした役割を理解させてくれるように思います。すなわち〈禁止〉や〈拒否〉の役割ではなく、〈権力〉と〈管理〉のメカニズムの設置であり、それは同時に〈知〉のメカニズム――個人の知、個人についての知、個人についての個人自身による知のメカニズムであって、これこそがキリスト教の持ち込んだものだと考えられるのです。
　こうして、西洋世界における〈性〉の歴史は、〈権力〉のメカニズムという観点から分析できると考えられるのですが、ここで申し上げたことは、現在の私の仕事の枠組みであり、仮説にすぎず、一連の問いにすぎないということも繰り返して付け加えておきたいと思います。

1978. 4. 20

政治の分析哲学——西洋世界における哲学者と権力

ミシェル・フーコー

朝日講堂での講演は、初め「何故、監獄か」という題で予告されていた。通訳を引き受けた関係上、できれば原稿が欲しいと申し入れてあり、福岡から帰ってきた時に受け取る約束になっていたのだが、東京へ戻ってきた夜に、フーコーから、小人数の研究会だと思って選んだテーマなので、六百人を前にした講演には適わしくないし、福岡で見た刑務所によって、日本とフランスとで事情が違うことを知ったので、一方的に話す会としては、やはり適当なテーマではないと思うから、福岡日仏学館で行なった講演「西洋世界における哲学者と権力」を少し変えながら話すつもりだ、と言われた。

この講演も、草稿はあったが、完成原稿ではなく、また話しながらかなり変更されたり挿入されたりした部分もあって、東京大学教養学部における研究会での講演「性と権力」と同様、当日の録音から起こしたものである。

ここで取り上げられている「英米系の分析哲学」については、田島節夫氏が雑誌『現代思想』一九七八年六月号のフーコー特集で、かなり詳しく説明しておられるので、それを参照していただきたい。田島氏も指摘されているように、フーコーがこの分析哲学への関心を示したのは、『知の考古学』における〈言表《エノンセ》〉の定位に関する議論の部分で、そこではJ・L・オースティンの « speech act »、すなわち「発話内行為」(acte illocutoire)が取り上げられていた。

事実、後期ウィトゲンシュタインと親近性をもつオックスフォードの〈日常言語学派〉の発想が、今回の講演でも引き合いに出されているが、ここでも〈言葉のゲーム〉における〈ゲーム観〉は、フーコー的に少々意味の力点をずらされているように思う。それは講演の文脈からもかなり明らかであるし、私自身も直接フーコーに確かめておいたが、単なる〈遊戯〉から、戦闘的なニュアンスを色濃くもつ〈勝負〉や〈試合〉へと意味はずらされていっている。そもそもフランス語における« jeu »という語が、遊戯や演技から、賭までを覆い、かつ多かれ少なかれ偶然性をはらむような〈作用〉をも指すという事情もあって、フーコーは英語でわざわざ« game »と言ったのであるが、しかしそれもフーコー固有のテーマ系の内部で考えられる必要があると思われる。

なお、最近のフーコーの政治哲学が、〈エコロジスト運動〉等の新しい〈異議申し立て〉に理論的根拠を提出していることは、想像に難くない。しかし、フランスと日本とで、通底して切れる局面と、そうではない部分とがあることも明らかであり、論議は後に持ちこされている。

〔付記〕フーコーにおけるイギリスの「分析哲学」の発見については、本改訂版「解題に代えて」の、石田英敬氏との対談を参照されたい。

何故〈権力〉か

フランスで最も重要な夕刊紙と呼ばれる『ル・モンド』紙の記者が、ある時、こう書いたことがある、「何故現代においてかくも多くの人が権力を問題にするのか。恐らく、いつの日か、何故これほど権力の問題が人々の心を悩ましたのかに驚く時が来るであろう」と。

しかし、私に言わせれば、驚くほうが間違っているのであって、権力の問題がまじめな形で提出されたのは、実はごく最近のことであり、二十世紀中葉に、二つの大きな〈権力の病気〉とも言うべきファシズムとスターリニズムの体験をした後でのことだ。もちろん、ファシズムもスターリニズムも、特殊な状況で生まれたものであろうし、またその結果は、それまで知られなかった規模のものであるかもしれない。こんなことは繰り返されては困るが、しかしその異常さは必ずしも全く新しいことではなかった。この二つの権力の病は、実は多くの点で、それ以前の西洋世界の社会的・政治的システムのなかに存在していたメカニズムの延長に他ならない。たとえば、党の組織とか警察国家的な仕組み、あるいは強制収容所の存在などがそれだ。

今挙げた二つの権力の病、スターリニズムとファシズムの体験が次の問いを発せしめる。すなわち、それらはある特殊な状況に対する回答にすぎなかったのか、あるいは、西洋世界に絶えず潜在していた本質的で構造的な何物かの発現に他ならず、それが権力の異常な増大を常に可能にしており、ムッソリーニの、ヒトラーの、スターリンの体制や、現在のピノチェト政権のチリやポルポト政権のカンボジアの体制はその具体例に他ならないのではないか、と。

十九世紀の大問題は、周知の如く、貧困と悲惨の問題だった。何故、富の生産が、富の生産に直接関わる人間の貧困を招くのかという問題が、つまり、富と貧困とが並行して生み出されていく現象が多くの思想家や哲学者の関心を惹いていた。一方、二十世紀の終焉に近づいている現代においては、この問題が全く解決されたとは言い難いが、しかし、十九世紀ヨーロッパにおけるほど緊急の問題ではなくなっている。現代において、この問題は、もう一つの問題に裏打ちされているのだ。つまり、権力の過剰の問題がそれであり、現代において人々を不安に陥れ、あるいは公然たる反抗を呼ぶのは、ファシズムやスターリニズムが非常にグロテスクな形で明らさまにした権力の生産過剰という問題に他ならない。したがって、十九世紀の経済学がちょうど富の生産と分配についての分析を行なったように、むしろ現代における経済学〔価値や力の生産や配分、循環のシステムの研究〕は、その分析の対象を権力に置かなければならないのである。

〈反権力〉としての哲学の役割

西洋世界において哲学者が最も古くから果たしてきた機能の一つは——ここでは広義の哲学者を指すので、賢人と言ってもよし、知識人と言ってもよいが——、その役割は、こういう権力の過剰が危険なものとなる度に、それに対して限界を画すことだった。西洋世界における哲学者を過去からずっと見ていけば、必ずそこには〈反専制君主〉という顔立ちが現われてくるはずだ。

たとえばギリシア世界においては、哲学者は、たとえば都市国家において権力が行使されるための法の体系を決定したり、権力が危険を伴わずに行使されるための限界を明らかにする役割をもっていた。〈立法家〉としての哲学者であり、ソロンがその例だ。ギリシアにおいて詩から散文が独立したとき、散文は立法家の散文だったのであり、少なくともアテナイではそうだった。

第二の役割は、〈君主の助言者〉であり、権力の濫用をさせないようにする。つまり〈教育者〉としての哲学者であって、たとえばプラトンを考えればよい。

第三の形は、権力から独立して権力の作用を冷ややかに嘲笑するという立場で、犬儒派がそれに当たる。

いずれにせよ、哲学者と君主、あるいは哲学と権力の行使との間には対立があり、恐らく西洋世界の哲学を特徴づけるものは、この対立ではないかと思う。というのも、西洋世界において哲学は、たとえば科学に対して根拠を与える役割を放棄して久しいが、権力の過剰に限界を画すという役割だけは持ち続けてきたからである。

歴史的に見て哲学者は、権力の緩和者としての役割を果たしたと言ったが、それをよく見ると、いささか憂鬱な結論に達せざるを得ない。

たとえば古代は、立法家の哲学者や君主の教育者である哲学者を生んだが、決して哲学的な国家は生まなかった。プラトン的な都市は存在しなかったし、アリストテレスはアレクサンドロス大王の教師だったが、アリストテレス的帝国というものは生まれなかった。また、ローマ帝国においてはストア派の哲学は非常に重要な役割をもち、帝国のエリートには浸透していたが、たとえば皇帝マルクス・アウレリウスにとって、哲学は皇帝の一つのあり方でしかなく、統治する技術を与えてくれるものではなかったのだ。

その点、中国や日本と比較してみると、非常に違うことが分かると思う。西洋世界はついぞ儒教に当たるものを知らなかった。すなわち、世界の秩序を反省しつつ、国家と社会と個人の実践を現実に規定するような思想は、ヨーロッパでは全く考えられなかった。アリストテレス哲学がいかにヨーロッパ中世で重要であったとしても、決してアリストテレスが、東洋における儒教の役割に当たる役割を果たしたことはない。西洋世界には哲学的国家というのは、存在しなかったのだ。

ところが、フランス大革命によって事態は一変する。フランス大革命以後、哲学と権力行使とは、有機的に、いや権力の行使を哲学が組織化するような形で、結びついていく。たとえばナポレオン帝国とルソーを初めとする十八世紀フランスのイデオローグ、それからプロイセン国家とヘーゲル哲学、もっと近い例で言えばヒトラーとワーグナーやニーチェ、言うまでもなくレーニン主義体制のソ連とマルクス、などという例がすぐ思い浮かぶだろう。

十九世紀に出現したこの新現象、それは哲学的国家というよりは哲学である国家と言ったほうがよく、そこでは哲学が同時に国家なのであり、国家は、基本的で決定的な選択や反省を哲学的な真理の内部において行ない、自分自身を組織していくのだ。

ところが、この現象でわれわれを非常に困惑させるのは、そこで問題になった哲学がいずれも自由を説いた哲学であったにもかかわらず、それがいったん権力と結びつくや、あるいは恐怖政治となり、あるいは官僚主義となり、あるいは官僚主義的な恐怖政治を生む結果となったことである。

　西洋近代におけるこの哲学者の悲しい惨めな喜劇は、哲学の説く事柄が権力を握っている人々に聞き入れられれば聞き入れられるほど、様々な形で権力の過剰を保障することになってしまったところにある。たとえばヘーゲルの哲学は、ビルマルク的体制の基盤になったし、ニーチェの場合には、『ニーチェ全集』がヒトラーによってムッソリーニに捧げられたという逸話が雄弁に語っているように、ナチズムの正当化に用いられた。

　スターリン主義の場合は最も尖鋭な形でこの逆説を体現している。そこでは、他の如何なる場合よりも国家は強固であり、しかも国家がすなわち哲学である。ところが、その哲学が、実は国家の消滅を予告したものであったにもかかわらず、それが最悪な形での国家そのものを生み出してしまった。哲学的反省のみならずすべての反省から切り離されて、〈哲学である国家〉が純粋な国家という形で文字通り無意識のものに変じてしまったのである。

　ところで、こういう極めて現代的な状況の中では、いろいろな態度が可能だと思う。たとえば、歴史的に西洋世界における哲学者と権力とこの奇怪な結びつきの理由を問うてみること。一体、本来、反‐権力であり、少なくとも権力の行使に制限を加える役割を果たすはずの哲学が、逆に権力を強化することになるのは、哲学の裏切りなのか。あるいは、哲学とは、そもそも常に、潜在的には権力の哲学であり、権力を制約しようというのは、内心では哲学が権力の地位を奪い、法の法となろうと願っていたからであろうか。これとは反対に、哲学を権力とは無関係だとする態度も可能だろう。すなわち、本来、哲学は、真理を相手とし存在に問いかけることを使命としていたのではないか。だからこそ、政治とか権力とかいう経験的な領域に踏み込むと、間違いを犯す。人に裏切られるのは、そもそも自分で自分を裏切ってしまったからなのだ、と。

しかし、もう一つ、別の道があると思う。今夜の講演で取り上げたいと思うのはまさにこの第三の道なのである。

権力に根拠を与えたりそれを正当化したりするのではなく、反権力の側に立つ哲学は、今なお可能だと思うが、そこには一つの条件が要る。反権力としての哲学であるためには、哲学は、立法者とか預言者、あるいは教育者であろうとする野心を捨てねばならぬ。そして、自己の務めを、権力に対して行なわれる闘争を分析し明らかにし、したがって強化するという役割に限定しなければならない。つまり哲学は、権力の問題を、善悪のような道徳的な問題や法律的な観点から提出するのではなく、単純に素朴な問いとして提出すること、すなわち権力の関係とはいったいどういうことに存するのかを問うことなのである。

〈権力のゲーム〉の分析学

すでに久しい以前から哲学の役割は、隠れていたものを露呈させることではなく、見えるものを見えるようにすることだった。余りにも近くにあり、余りにもわれわれと密接であるために見落としているものを立ち現わさせることである。見えないものを見えるようにするのは科学の役割なのだ。

こうして、現代における哲学の使命は、われわれが組み込まれており、哲学自体も少なくとも一五〇年来巻き込まれている権力の関係が、どのような状態にあるのかを問うことだ。それは如何にも経験的で限界のある仕事だと言われようが、しかし、哲学のこのような用い方に幾つかのモデルがないわけではない。私の考えではそのモデルの一つを、英米系の分析哲学に見ることができる。

英米系の分析哲学では、決して言語の存在自体についての反省とか、言語の深層構造を問題にしたりはしない。その代わり、様々なタイプの言説《ディスクール》において日常的に言語が用いられていく用いられ方を出発点にして、思考の批判的分析を企てるのである。

それと同じようにして、日常的な闘争において権力の関係の内部で何が起きているのか、問題は何か、その権力関係とそこで賭けられているものが何かを明らかにすることを使命とする哲学を想像することができるはずだ。つまりこの分析哲学の対象は、言語の作用ではなくて権力の関係であり、社会全体を貫いている闘争なのだ。

それは、〈政治の分析哲学〉あるいは〈分析的政治哲学〉と呼ぶことができよう。ここでも英米系の分析哲学と比較しておかねばならない。そこでは言語は、たとえばベルクソンにおけるように過小評価されて、「言語は死んだもので、持続や意識の経験を裏切るものだ」とも言われないが、同時に、フンボルトにおけるように「世界の人間の間の関係をすべて含む創造者」として過大評価されることもない。言語は裏切りも啓示もしないのであり、ただ、話し手の間で言語は演じられるだけだと考えられているからだ。つまり、そこでは言語の働きを〈遊戯＝ゲーム〉として捉えているので、〈遊戯＝ゲーム〉の概念が重要になってくる。

それと同様に、権力の関係も、過小評価したり過大評価するのではなく、また、拘束・強制という力しかないと考えたり、またある断絶によって人間の手には捉え難いものだと想像するのでもなく、権力の関係を一つの〈ゲーム〉として考えてみることだ。

つまり、〈権力のゲーム〈勝負・試合〉〉として、そこにはどういう戦術や戦略があり、どういう規則や偶然が作用し、また何がそこで賭けられ、目的とされているのかを分析してみることなのだ。

日常性のなかの権力——直接的闘い

このように私が、伝統的な哲学上の崇高な大問題よりも、限界のある慎ましやかな形で〈権力のゲーム〉に関心をもち、狂気をめぐり、病気や病人をめぐり、監獄をめぐって、そのような権力のゲームがどう働いているのかに関心を惹かれ続けてきた点については、二つの理由がある。通常は認められていない、奇怪な、周縁の〈権力のゲーム〉が、実は、われわれのなかで、理性と非理性を分けるもの、生と死を分けるもの、法の根拠となるものの規準を内包しているのであり、それらはわれわれの日常生活の網の目を構成するものに他ならず、そこを出発点として人々が悲劇の言説を書く、最も基本的なものに他ならない。

第二には、そこで問題になる人々は、国家的・制度的な大規模な闘いに登場するような偉い人達ではなくて、どこにでもいる日常的な庶民であるという点だ。たとえば、この間のフランスの総選挙のことを思い出していただきたい。新聞やマスコミ、政府の要人、政党の指導者達は皆、フランスの運命にかかわる重大な賭がなされる瞬間であると、口をすっぱくして騒ぎ立てた。ところが結果はどうだったか。およそそんなことではなかった。逆に言えば、そのように騒ぎ立てる人達ではない普通の庶民は、心の底ではそんなことが問題ではないことを百も承知していたということなのだ。

ところが反対に、現代社会では——フランスに限らず——それまでは全く二次的だと思われていた問題が非常に多くの人達の関心を強く惹くようになった。たとえば、いったい自分は病気になって病院に入れられたらどのようにして死ぬのか、自分が狂人だと言われたらどうなるのか、あるいは、たまたま何かの間違いで罪を犯してしまったらどういう法制度、裁判制度の中で自分は裁かれていくのか、といった疑問は、現代人にとって非常に切実な問題なのだ。それは現代人の不安の基底をなしている問題に他ならない。

こういった全く日常的な、それまでは周縁的だと思われていた、あるいは黙らされていたか黙っていた問題が、人々の公然と論じる問題となったという点、それは、必ずしもこれが歴史の上で最初のことではないにしても、極めて重要な現象だと言わねばならない。〈日常的なるもの〉こそが最も本質的な問題となったのである。

しかし、このような〈権力のゲーム〉については、もっと先までいく必要がある。そこで展開される抵抗とか闘争の形が、すでに従来のものとは異なってきているからだ。伝統的には、たとえば自分の自由や権利が守られなければならないから闘争するのであったが、新しい形の闘いは違う。〈権力のゲーム〉そのものを拒否しようとするのだ。

監獄を例に取れば、ヨーロッパで監獄が刑罰の形として存在するようになって以来、特に十九世紀初頭以来、監獄に対する批判は常にあった。受刑者の待遇が悪いとか施設が悪いとかいう批判は常にあったわけだ。ところが、今問題になっているのはそういうことではなく、権力のゲームのなかで、あるいは権力の作用のなかでの監獄の存在そのもの、監獄に収容されること自体、そういう処罰の仕方自体を、そういうゲームそのものを拒否しようとすることなのだ。

これから申し上げることが間違っていたらお許しいただきたいが、たとえば成田で起きていることにしても、新空港建設に反対している人達は、闘争によってより多くの利益を引き出そうとしているわけではなく、伝統的に権力が反対者に押しつけるゲームそのものを拒否しているように思えるのだ。

この現象の第二の特徴は、〈拡散的〉で〈中心不在的〉と呼び得る点にある。ここでも監獄の例を取ろう。十八世紀、一七六〇年前後に、刑罰のシステムが根本的に変わるが、その時に問題を提起したのは、当時の意味での哲学者《フィロゾフ》であり、彼らは極めて一般的かつ中心的な命題から出発した。すなわち、自由の保障されている国家では、どのようにして、またどこまで法律が適用されるべきか、といった類の中心的・理論的な省察があって、それから数年後に、具体的な方策が立てられたのである。

ところが近年の問題はそのような形では提出されてこない。出発点は法制上の変革を求めるといった総体的要求ではなく、受刑者の待遇改善というような極めて卑近な、具体的な要求であり、いわば局部的な抵抗なのだ。

ところが、そのような局部的な抵抗が出発点になっているにもかかわらず、それは非常に早く拡がる。しかも、必ずしも同じような状況、同じようなカテゴリーに属している人ではない人々、政治体制や経済構造、あるいは社会構造が全く違う国においても、それがたちまち拡がるという特徴がある。監獄の場合ならば、スウェーデンのように刑務所の制度としてはかなり自由な国と、それとは正反対のイタリアやスペインのような国でも、同じような要求が起きるし、女性解放運動でもスウェーデンのように自由だと言われる国と、イタリアのような国とで同じ要求が起きるということがある。その意味では、伝統的な革命運動とは目標も方法も非常に違うものなのである。

第三の特徴は、こういう抵抗や闘争は権力というものがあること自体に対する抵抗であるという点だ。搾取とか不平等に対する抵抗というよりは、権力が存在すること自体が我慢できない、というわけだ。たとえば、スウェーデンの刑務所には、受刑者が妻と会って性的交渉をもつことが許されている部屋がある。ところが、ある日女子学生が、スウェーデンのこの刑務所のファシズムを弾劾するキャンペーンに協力してくれと言ってきた。どこが悪いのかというと、受刑者が妻と寝る部屋には鍵がかからないというのだ。

　この話は人々の失笑を買うには違いないが、同時に極めて問題の性格をよく表わしてもいる。そこで問題にされているのは、権力のもとに置かれていることという事態そのものであり、それが抵抗の対象になっている。

　あるいは現在、医療制度に対してなされている非難も、必ずしも利益優先の医療をしているということではない。もちろん医者の金儲け主義は事実としてあるのだが、肝心な問題はそれではない。また、医療の知識が非常にいいかげんで間違っているということでもない。そうではなくて、われわれの身体や苦痛、生命や死に対して、他人が無制限の力を振るうという事実そのものが批判されているのだ。

　日本では現在、死の問題がどのようになっているのかは知らないが、ヨーロッパにおいて、死の問題は医療との関係で極めて重要なものとなっている。そこで医学が非難されているのは、充分に生命を長く引き延ばさないからではない。われわれが医学的知に、医療技術体制に対して非難するのは、われわれが望みもしないのに、科学的にも技術的にも最新の方法で、われわれを生かしておく、つまり〈死への権利〉というものを一方的に医学の名において拒否していること自体に対する拒否なのだ。つまり、医学的な知への〈否《ノン》〉であると言える。

成田の場合も、多分同じことではないか。土地を売ればそれがかなりの利益になるはずだが、それを拒否するのは、一方的に上の方で農民をその土地から追い出すことを決めてしまったという権力の行使自体に対する抵抗であり、その恣意的な権力の行使に対する逆転として暴力的な抵抗になるのだと思う。

このような闘争の第四の特徴は、直接的な闘いという点にある。〈直接的〉というのは、二重の意味でなのであり、第一には、それが目標にするものは、自分に最も身近な〈権力の決定=実行機関〉であり、自分に直接作用してくるような権力を相手にする、という点だ。言い換えれば、レーニン主義の大原則である〈主要な敵〉の理論に従った闘争とは全く異なるのだ。同様に、これらの〈直接的な闘い〉は、革命とか解放とか国家の消滅だとかいう〈ある未来の時点〉に自分たちの問題の解決を期待しないという意味でも直接的なのだ。

言い換えれば、分析上の理論的上下関係に対しても、あるいは、歴史を一つの極に収斂させ、時間の上下関係を作り出すような革命秩序に対しても、これらの闘いはアナーキーな闘いであり、直接的な歴史のなかに書き込まれ、かつ無限に開かれた闘いであることを受け入れる闘いだと言うことができる。

〈革命〉の独占的地位の終焉

　ここで初めに触れた権力の分析哲学の問題に戻りたいと思う。この分析哲学の役割は、今述べたような直接的闘いの重要さを測ることにあるのだ。そこでまず強調しておかなければならないのは、このような〈周縁的〉闘いは、西洋世界において、従来、〈革命〉という形で高く評価されていた闘いとは非常に違うという点だ。それではどう違うのか。

　古典的概念における〈革命〉とは、包括的かつ統一的な闘いであり、そこで動員されるのは、一国家の全体、一民族の全体、一階級の全体であった。

　また、〈革命〉は、そこに確立している権力を根底から覆し、それをその原理において消滅させるという野心をもつものだ。しかも、それは、完全な解放を約束するものである。その上、〈革命〉とは一つの〈至上命令〉としての強制力をもつものであり、他のあらゆる闘争はそれに従属し、革命の決着がつくまでは一時中止されなければならないものなのである。

　それでは現代は、〈革命の時代〉の終焉に立ち会っているのだろうか。私としてはこの種の予言、この種の革命の否定は意味がないと思う。そうではなく、革命の時代の終わりというよりは、一七八九年ないし九三年以来、西洋世界において、革命というものが、それが内包する独裁制や桎梏《しっこく》とともに、独占的な地位を保っていたような、一つの歴史的時代の終焉と言うべきであろう。

といって、修正主義を再評価しようというのではない。何故なら、修正主義の役割とは、すでに存在しているものを少々変えるだけで権力の体制を安定させることであるのに対し、ここで言っている新しい形の抵抗とは、権力のメカニズムを常に不安定な状態に追い込むわけであり、その闘いには終わりはないからである。

こういうような闘争は、革命のように、ある中心的な原理があって行なうのではないから、そのような革命的原理に対しては〈中心否定的な〉闘争だと言える。だからといって、非常に特殊な時代的状況とか一時的な現象だとは言えない。

これらの闘争が対象としているのは、より深いある歴史的な現実、西洋世界の中でまだよく知られていないが、必ずや本質的な構造をなしているような何物かなのだ。

闘争には、目標がはっきり見える闘いもある。たとえば植民地主義的な支配、あるいは言語的な支配に対する民族主義者の闘い、あるいは搾取という経済的な形態に対する社会的な闘いとか、あるいははっきり目に見える権力の法制的・政治的な形態に対する闘いなどがそれだ。

しかし、ここで問題にしている闘争が対象とする権力は違う。西洋世界には中世以来、必ずしも政治的・法制的でもなく、経済的でもなく、また民族支配的でもないが、しかし西洋社会に構造的に大きな作用を及ぼした権力の形があった。

〈牧人＝司祭型権力〉の技術

ここで問題になる権力は、宗教に由来する権力なのだ。つまり、人間が生まれてから死ぬまで、あらゆる状況で人間を導き、しかも来世での魂の救いのために現世での行動を規制するような一つの権力であり、私が〈牧人＝司祭型権力〉と呼んでおこうと思う権力なのだ。

〈牧人＝司祭型権力〉とは、語源的な意味で、〈牧人＝羊飼い〉が〈羊の群〉に及ぼす権力ということだ。羊飼いが己れの羊の群の一頭一頭に心を配るというこの型の権力は、ギリシア・

ローマの古代社会には存在しなかったし、また、望まれもしなかったであろう。

それは、キリスト教と共に発展してきた権力であり、キリスト教会の制度化、キリスト教会内部の階層的秩序、来世や罪や救済といった信仰の総体、〈牧人＝羊飼い〉である司祭というものの確立、すなわち羊の群である信者に対し〈牧人〉としての責務を果たす存在の確立と共に形成されてきた。それは中世を通じて封建社会の発達と微妙な関係をもちながら発展してきたが、十六世紀の宗教改革並びに反宗教改革の時期に一層強化された形において展開を見たものである。

しかし、変遷はあるにしても、この〈牧人＝司祭型権力〉は、常に次の特性をもつ権力であるという、本質的な性格を奇妙なことに保ち続けていた。すなわち、すべての権力と同じく集団全体に力を及ぼしつつも、同時に、その〈集団＝羊の群〉のなかの〈牝羊〉の一頭一頭に対して、つまり集団内の個々人に対して責任をもっている。しかもその行動に拘束を加えるばかりではなく、一人一人の個人を知り、個々人の内面をはっきり見なければならない。言い換えれば、個人の〈主観性〉をはっきり出現させ、個人が已れの意識に対してもつ関係を構造化する必要があったという点である。〈牧人＝司祭型権力〉の技術にとって、〈良心の教導〉とか〈救霊〉の問題が、〈告解〉という、自己が自己自身に対してもつ関係を、真理と義務づけられた言説という形で報告することにかかっていた、というのは極めて重要なことだ。この権力は、こうして〈個人形成的〉な権力であるという本質的特徴をもっているのだ。

古代ギリシア・ローマの権力は、このような形で社会の構成員を一人ずつ知る必要を感じていなかった。個人をこのように真理の小さな中核をもつ者と考える必要はなかったのである。しかし、〈牧人＝司祭型権力〉にあっては、個人は、その内なる真理の中核を司祭に向かって告白しなければならず、こうして光のなかにもたらされた真理を、司祭が受け取り、それに判断を下すというわけだ。古代都市国家の権力はこのような個人を形成する形のものではなかったし、封建制の権力も、さらには絶対王制の権力もそのようには働かなかった。都市国家の権力は都市国家全体に、封建制のそれは封土の住民という集団に、また絶対王制のそれは個人の属するカテゴリーに作用したのであり、この最後のものといえどもなお集団と身分に基づく社会であり、個人を前提とする社会ではなかった。

ところが工業的ブルジョア社会の発展より遥かに以前に、キリスト教の宗教的権力は、社会の構成員に働きかけて、このような〈主観性〉という形で、つまり〈告解〉によって個人が自己について得る意識として、個人というものを形成させていたのである。

権力の対象としての〈個人〉

ところでこの〈牧人＝司祭型権力〉について、私は二つの指摘をしておきたい。まず第一には、キリスト教社会におけるこのような〈牧人＝司祭制〉と、極東における儒教の作用や役割を比較してみる必要があるという点だ。この二つのものは時代的にほぼ同じ時期に起きた。十六、十七世紀にヨーロッパで〈牧人＝司祭制〉が国家の形態の成立に重要な役割を果たしたことは知られているし、それは日本の徳川幕府の政治体制のなかで儒教が果たした役割に似ているのではないか。しかし、同時にその差も測らなければならない。〈牧人＝司祭制〉は、第一に宗教的であり、それが目指すのは、究極的には地上世界の問題ではなく、来世のことだ。しかし、儒教の役割は本質的に現世的である。また、儒教は、個人あるいは個人の属する社会的範疇のすべてに課せられるべき規則の総体を明確化することによって、社会全体の安定を目標とするが、〈牧人＝司祭制〉は、〈牧人＝司祭〉と〈羊の群＝信徒〉との間の、個人のレベルでの厳密な服従関係を確立しようとする。〈牧人＝司祭制〉は、魂の教導その他の技術によって、個人形成的であるのに対し、儒教にはそのような作用はないのである。

もちろん、この問題はもっと深くきわめる必要のある重要な問題で、そのある要素は丸山眞男氏の研究のなかに読むことができる。

第二の指摘は、逆説的で、しかも意外なことなのだが、十九世紀以来の資本主義的工業化社会と、それに伴いそれを支えた近代的国家形態は、〈牧人＝司祭制〉が宗教的次元で実現したこの個人形成という手続きを、このメカニズムを、必要としたということだ。

宗教的制度そのものの評価が低下し、またイデオロギー的な変化が生じて、西洋世界における人間と宗教的信仰との関係は変わった。しかし同時に、この〈牧人＝司祭制〉の技術は、非宗教的な場所で、国家の作業の内部で、確立し、変容し、普及していくのだ。このことは余り知られていないし、また語られることも稀だ。恐らく十八世紀以来の近代国家は、権力のメカニズムの確立にではなく自由の保障に自己の正当化を求めていたからでもあろう。あるいはまた、この小さな権力メカニズムは何かしら貧相で、公言をはばかられるところがあって、理論化され、分析され、語られるべきではないと考えられているからかもしれない。『普通の人間』という小説〔ティエリー・ド・ボーセ作〕のなかで言われているように、それは正義への使命を破壊してしまうほど、卑しいものであるからでもあろう。

それはともかく、ヨーロッパの十八、十九世紀を通じて、この〈牧人＝司祭体制〉の方法と目標が再転換されて、別の場所に移植されていくという現象が起こる。しばしば、近代国家や近代社会は個人を知らないとか無視しているとか言われる。しかし、よく観察してみると、驚くべきことに、それとは正反対のことが見えてくる。近代社会ほど個人に注目している社会はないのだ。近代社会ほど個人の配置に関心を抱き、個人を監視、管理、訓練、矯正の仕組みから絶対に逃れられないように取り込んでいく技術の発達した社会はないのだ。兵営、学校、工場、監獄、すべての規律・矯正の大きな仕組みは、個人を捕えて、個人が何者であり、何ができ、また何に用いたらよいかを知り、どこに配置したらよいかを知るための仕組みなのだ。個人の認識を可能にさせる知の形式としての人文諸科学も、同じ役割を果たしている。誰が正常で誰が正常でないか、誰が理性的で誰がそうでないか、誰に何ができるのか、個人の見えざる行動は何なのか等々を知ることを可能にするからである。また、統計が現代においてもってい
る重要さも、個人的行動が集団的に作用することを量的に量ることを可能にすることにある。さらに付け加えて言えば、様々な社会的な援助や保険のようなもののメカニズムも、経済的に合理化し、政治的な安定をはかるとかいう目的はあるにしても、その他に、個人のレベルで人間を捉えるという作用をもっている。

このような個人の存在と行動のすべて、各人の、しかも一人一人の生活・生涯というものは、現代社会のなかで、権力の行使のためには、恒常的で、しかも不可欠な要素になっていると言えるのだ。個人というものこそ、権力にとって本質的な対象であり、逆説的なことだが、権力が個人を目指せば目指すほど、その権力は国家管理的権力なのである。

こうして、〈牧人＝司祭制〉は、厳密に宗教的な形においては権力としての本質的な部分を

失ってしまったが、しかし、近代国家のなかに、新しい支えと姿を変えて生き延びる原理とを見出したのだと言える。

個人と革命と権力と

ここで、初めの〈権力のゲーム〉と闘争の問題に立ち戻って結論としたい。監獄や刑罰のシステムはその典型的な例の一つであった。

これらの闘いは、精神病に関するものであれ、個人間の性的関係や性との関係に関するものであれ、あるいは環境問題であれ、健康や生や死といった医療問題であれ、第一には、いずれもはっきりとした目標をもっているということ。第二には、これらの目標は、従来の革命的な闘争のそれとは全く違っているが、少なくとも考慮に入れるに値する政治的意味をもっている、という点だ。

十九世紀以来、〈革命〉と呼ばれてきた闘争は、革命を起こす党派が、社会の内部で、経済的・政治的権力として自らを確立することだった。見落としか、誤謬か、あるいは明らさまな理論的選択か、それは私には分からないが、ほぼ確かなことは、これらの革命運動が、ここで問題にしたような権力を全く問題にしなかったということだ。すなわち、西洋社会の歴史を通じて跡づけることができ、私が〈牧人＝司祭制〉と呼んだあの権力であり、個人を対象にし、個人というものをその最も日常的な生存の網の目のレベルまで追求していって、捉え、監視し、管理するあの権力のことを、である。

この〈牧人＝司祭型〉と呼んだ権力が、革命運動のなかではっきりと問題になったことがないというのは、私は大いに恐れるのだが、実は革命的な国家を標榜し、あるいは革命的哲学を自らの哲学として標榜するこれらの国家が、その内部で、この〈牧人＝司祭型権力〉に、実は然るべき役割を与えているからではないか。個人を誕生から死まで、その日常生活の詳細にわたって監視・管理するこの権力は、実は古くから存在したものにもかかわらず、見せかけはもう埋葬してけりをつけたような顔をしているだけではないか。少なくとも、現代のソ連の社会のように、社会主義体制によって経済的・政治的な変革を遂行したにもかかわらず、権力が行使されるのは、まず官僚機構を介してであり、しかもそこでは、実は、〈牧人＝司祭型権力〉の網の目を確立し普及させることによって、権力が行使されているのだ、ということは主張できると思う。

今述べたような闘争は二次的なものに思われるかもしれない。一般人の日常生活が問題になっているという意味ではたしかにそうかもしれないが、しかし、そのような闘争が、〈牧人＝司祭型権力〉の、しばしば陰険で、かつ時にはそれと見えないような形での遍在という現実を鋭く自覚して、それと闘っているのだ、ということは指摘しておかなくてはなるまい。

現代の危機と呼ばれるものの特異性をなすのは、現代人が、このような〈牧人＝司祭型権力〉によって生ずる〈個人〉の問題に、極めて鋭敏に反応するに至っていることに他ならない。

これらの運動において問題になっているのは、〈隷属状態〉（assujettissement）から脱却すること、すなわち〈牧人＝司祭型権力〉が〈主観性〉（subjectivité）という形で、個人を彼自身へと強制的に結びつけたあのメカニズムから脱却することなのだ。人間の精神的変革が国家の変革の条件なのか結果なのかという古くからの議論についても、そもそも、個人が〈主観性〉〈自己についての自己の意識〉という形で自己と保つ関係は、実は権力の関係ではないのかと問うてみる必要がある。つまりそれは精神＝道徳の関係ではなく、政治の関係なのであって、すでに触れたような運動――健康にせよ、狂気にせよ、環境にせよ――によって、これらの日常的な、しばしば取るに足らぬ〈劇の仕組み〉のなかで問題にされているのは、個人というものを政治的に変えることに他ならない。それは国家の変革を待ってなされる類のことではないのだ。

このように考えてくれば、西洋世界における政治的な〈個人の形成〉を、それとは全く違う文化的・宗教的・政治的コンテクストで生起したことと比較してみることの重要さも、納得されることだろう。たとえば日本のように、ヨーロッパとは非常に違う宗教性が長く続いた国の場合である。最大限の〈個人化〉を説くキリスト教とは違って、〈非個人化＝個人の解体〉を説く仏教のもとで発展し、しかも現在では、ヨーロッパ近代の個人の形成という思想がそれと並置されている日本の場合は、このような観点の研究に寄与するところ極めて大だと考えるものである。

1978. 4. 27

旧版あとがき

八年ぶりに来日したミシェル・フーコーは、四月二十七日の朝日講堂における講演と、その後で行なわれた『朝日ジャーナル』のためのインタビューを最後に、日本を離れた。

フーコーを個人的に知っているということと、フーコーはいつも面白いと思って読んでいるということ以外には、私のような門外漢がフーコーに対する質問者になるいわれはないのであり、敢えてそれを引き受けたのは、この怪物的な現代の知性に対する私の個人的な共感の証し以外の意味はない。しかし、我が国で、その著作のすべてが翻訳されているとはいえ、決して分かりやすい哲学者とは考えられていないフーコーである。専門知としての哲学の地平からというよりはその外部から、私なりに、演劇とか文学とかいう自分の専門領域に立っての個人的関心に基づく問いを発することで、逆にフーコーの言説の拠って立つ土台や置かれている文脈を少しでも明らかにすることができれば、それでよいと思っていた。

フーコー来日中の発言を一冊の書物にまとめたいという希望は、早くから『エピステーメー』編集長中野幹隆氏によって述べられていた。日仏会館でのシンポジウムや『海』における吉本隆明氏との対談などを含めて、すべてを集めるというのも一つの案であろうが、一応、私の責任において参加し、日本語にしたもののなかから、対談「哲学の舞台」と二つの講演「〈性〉と権力」「政治の分析哲学——西洋世界における哲学者と権力」を選び、それに余り知られていない八年前の東京大学教養学部における講演「狂気と社会」の要旨を加え、更に、『性《セクシュアリテ》の歴史』第一巻『知への意志』を抄訳した際の解説を付して——これは大幅に加筆・訂正した——現在のフーコーの思想が多面的に理解されるようにしてみた。フーコー自身も、完成原稿を読みあげたわけではない講演については意に満たないものとしつつも、この書物については私に任せてくれたのである。

フーコーの場合、方法の問題は、深く彼の政治的関心に関わっており、その選択は単なる方法論的なものではなく、一つの政治的選択でもあった。それは、実は、構造主義者と呼ばれた研究者達にも、多かれ少なかれ言えることでもあって、構造主義論争がイデオロギー的論争の様相を呈したのも当然であったかもしれぬ。

八年前に比べて、人当たりは随分柔くなったと思うが、しかし、哲学者として研究者としての厳しさは——特に自分自身に課している厳しさは——少しも変わってはいず、それがあの精《せい》悍《かん》な風貌に内的な力のようなものを与えてもいる。来日中にも、繰り返し述べていたように、すでに書いた書物の解説のようなことは極力これを避け、現在自分の研究していること、未発表のことだけを述べるように努めていたのは、如何にコレージュ・ド・フランスという制度そのものが日常的に要求していることとはいえ、やはり驚くべきことだと言わねばなるまい。

最後に、本書を編むに当たって、収録を許可された初出雑誌の出版社、並びに、前著『仮面と身体』並びに『空間の神話学』に続いてこの本を作ってくださった、朝日出版社『エピステーメー』編集長中野幹隆氏、同出版部稲穂保彦氏、また装丁を含めて最終的な作業を引き受けてくださった上田恭子氏に、厚くお礼を申し上げたい。

一九七八年六月

渡辺守章

第II部

快活な知

渡辺守章

フーコーが死んだ。

五月の初めにフランスの書評誌『マガジン・リテレール』が久しぶりに大きな「フーコー特集」を組み、その『性現象《セクシュアリテ》の歴史』第二巻と第三巻にあたる『快楽の用法』と『自己への配慮』の刊行を予告してからひと月以上たって、やっとこの二冊の本が、パリの書店に平積みされた直後だった。それは、第一巻『知への意志』が一九七六年に刊行されていることを考えれば、八年間の沈黙を破ってフーコーが世に問う著作に他ならなかった。しかもこの八年間に、フーコー自身の計画に大幅な変更がもたらされたことも読者は知らされていたから、まさに待望のと呼ぶにふさわしい著作なのであった。

『性現象の歴史』と一応は訳しておくこの一連の著作は、「性欲」という十九世紀西欧社会で成立し、以降「近代人」の根拠をなすものと見做されるに至る経験と、そのような経験を生きる「欲望の人間」の「系譜学」である。その第一巻『知への意志』は、十九世紀の性科学から現代の精神分析学に至る〈性現象〉に基づく人間把握が、カトリック教会の告解の実践にその起源をもつものであることを明らかにしつつ、通念的に受け入れられている「性の抑圧」という前提を覆してみせた。

すなわち、近代社会は、人間存在の「真実」を、「性欲」という「肉」の深層から狩り出して、それに語らせ、それを言説化することで、個人としての人間を成立させると共に、それを権力装置に組み込もうとする「知への意志」に貫かれている、という刺戟に満ちた命題である。七八年に再度来日した折、たとえば東京の朝日講堂における講演でも、そのような「牧人＝司祭型権力」の分析学を、フーコーは提唱していたのである。

それでは『性現象の歴史』第二巻と第三巻は、どのような形で当初の計画と変わったのか。一言でいえば、「欲望の人間」の系譜学を書くためには、キリスト教の思考の地平にとどまったのでは不十分であり、西洋世界の思考にとって決定的な意味をもつ古典期ギリシアと紀元一、二世紀のローマにまで遡る必要があったのである。それは第四巻の『肉の告白』が明らかにするはずの「欲望の解釈学」とは、本質的に異なる「欲望」のとらえ方を明らかにすることで、ソクラテスやプラトン、あるいはセネカを初めとするストア派哲学者における新しい倫理の成立を分析することであった。

この二冊の書物におけるフーコーの分析は、「身体との関係」「妻との関係」「少年との関係」「真理との関係」という四つの軸にわたって、「性的な快楽の用法」が、如何にしてある種の「節制」を促し、それが自由人としての「自己への配慮」すなわち「自分自身に対して自分が奴隷ではなく主人であること」の顕揚と結びついているかを見事に論証する。超越的なあるいは普遍的な原理に基づく禁忌を標準とした道徳ではなく、「生きる技術」として、「人生を一つの芸術作品」として生きるための技能としての道徳なのだと。

そこには『狂気の歴史』(一九六一年)から、一九六六年の驚異的ベストセラー『言葉と物』を介して、『監獄の歴史』(一九七五年)に至るフーコーの言説を貫いていた、あの偶像破壊的であると同時にしばしば幻視者的ですらある過激な口調はほとんど影をひそめている。あたかも古代人の知恵に染まったかのようなある種の「静謐」が、「生存の技法」を分析するその文章におのずからみなぎっている。

その風景は、たしかに、フーコーの著作に親しんだ者にとっては、何かしら不吉な予感をさえ与える、見慣れぬ風景でもあった。いや、たしかにここには、フーコーの言説の魅力をなすものはすべてある。「視線の移動」すなわち、見方を少しずらすだけで、今まで見ていながら見えてはいなかったものを見えるようにする戦略。あるいはその膨大な文献調査の意表をつくおもしろさ。それは単に「少年愛」についての追跡やローマの「夢占い」の本の掘り出し、という作業に留まるものでないことは言うまでもなく、第一の「視線の移動」と不可分の「読み」の新鮮さである。

そして、現代では唯一の、いやフランスの文芸の歴史のなかでも屈指の、古典主義的と言ってもよいその格調のある、それだけで知的快楽を与えるフランス語。しかし、この二著がフーコーの到着点だと考えるべきであろうか。少なくとも『肉の告白』は、『知への意志』が予告した権力の分析学を厳密化する企てだったのではないだろうか……。

棺を囲む喧噪という儀礼よりは、消え去ったものに対する優しい悲しみを私は好む。消滅である死に、むしろ意味と美しさを与えよう。

すでに一年前に、友人の歴史家アリエスの葬儀に際して、フーコーはこう語っていたという。この〈言説の考古学〉は、私たちの内に、深い沈黙と、様々な言葉とを呼び覚まし続けるだろう。そしてフーコーを個人的に知るという幸せを得た者には、あの幼児のような、率直な笑い声が。

現代という喧噪のさ中にあってそれは、かけ値なしの « gai savoir » ——華やかで喜ばしい、快活な知なのであった。

1985. 6.

襞にそって襞を――フーコーの肖像のために

渡辺守章

本稿はミシェル・フーコーの没後に刊行されたジル・ドゥルーズ『フーコー』(*Foucault*, Les Editions de Minuit, 1986) を読みつつ、その時点での私なりのフーコー像を素描しようとしたものである(初出は、『フーコーの声』哲学書房、一九八七年)。

ドゥルーズのフーコー論の翻訳が出るのはその後であるし(宇野邦一訳、河出書房新社、一九八七年)、その続編とも言うべきドゥルーズの『襞――ライプニッツとバロック』(*LE PLI: Leibniz et le baroque*, Les Editions de Minuit, 1988) は、当然のことながらまだ刊行されてもいない。こうした文脈で、ドゥルーズによるフーコー論のライトモチーフである《襞》の主題系が前提とする、詩人ステファヌ・マラルメにおける《襞》の問題形成については、やはり触れておく必要があると考えた。本稿がマラルメのいわゆる「-yx のソネ」の読解からはじまっているのは、そのためである。なお蛇足ながら本稿の表題自身、フーコーの長年の友人であったピエール・ブーレーズの作品『襞にそって襞を――マラルメの肖像のために』の本歌取りである。

襞の範列

マラルメの名高い十四行詩《ソネ》に、《-yx のソネ》と呼ばれるものがある。一八六八年五月、当時南仏アヴィニヨンの高等中学の教師をしていた二十六歳の詩人は、「狂気に接近した瞬間から平衡のとれた恍惚の状態へ」と彷徨を続けながら、« -ix » を脚韻とするソネを書こうとし、友人のルフェビュールに、この脚韻を構成する単語を三つしか知らないので、« ptyx » という語の正確な意味を教えてくれと頼んでいる。その二ケ月後の七月中旬には、やはり友人のカザリスの求めに応じて、「〈言葉《パロール》〉についての研究から引き出したもの」として、« La Nuit approbatrice... » で始まり、第二連の一行目に « nul ptyx » が脚韻に配されている詩篇を、「己れ自身の寓意であるソネ」として送り、「意味があるとすれば語そのものの内的な相互反映《ミラージュ》によって喚起される」ような「無であるソネ」(« sonnet nul ») だと述べ、その理解を助けるべく、西に落陽の燃え尽きた後、深夜の詩人の内的心象とも言える〈虚ろな室内の情景〉を語っている。

この詩は後に、八七年の四七部限定自筆写真石版刷という『詩集』に収められるために大きく書き改められるのだが、ここではマラルメの詩の註解を書くのが目的ではないから、ともあれ決定稿の大雑把な訳文を示すと——

浄らかなその爪は高々と縞瑪瑙《しまめのう》を捧げ、
不安はいま　松明かざす女か、深夜　支えもつ、
不死鳥に　西の地平の灼かれた夢、数多の夢を、
その灰を納むべき骨壺もなくて、あるのはただ

毒見の式台、空虚の間《ま》。プチックスもない、
殷々たる無生気の　捨てられた骨壺
(けだし主人は冥府の河に涙を汲みに、
携えたものは　虚無が誇る唯一の品)

だが北面、虚ろに開く十字窓の辺り、一つの黄金の
今にも息絶えんとするのは　あの飾りか

一角獣、一人の水の精に挑んで炎を吐く、
乙女は鏡の底に果てなんと、裸形、揺らめき散る
と見る間に　縁の内なる忘却に　繋ぎ止まった
煌きの　やがて鮮やかに　極北の　七重奏。

敢えて訳さずにおいた「プチックス」とは何か。これまで註釈家に夥しいインクを流させて来たこの語をここで解釈しようというのではない。単にこの語の意味のフレイムというか場を描いておこうとするだけなのだ。結論を先に言ってしまえば、《πτυξ》についてマラルメに質問された若きエジプト学者ルフェビュールの解答は不明であるが、恐らくギリシア語辞典が与えている《pli》すなわち「襞」という意味はマラルメも知っていたであろう。「布の襞」であり、そこから転じて「楯を蓋う皮あるいは金属の薄板」、あるいは「ものを書くための板または紙」、そして「山脈の襞・褶曲」を表わす。『リトレ大辞典』も『十九世紀ラルース』も収録していないこの単語の意味は——もっとも後者には《ptynx》という語は載っていて、その語源として《ptux》を挙げ（これは誤りである）、「一種の夜鳥」としているから、「夜」とは縁がある——ギリシャ語によって考える他はなかったはずだ。ついでながら、ギリシア語語源との

間－言語的遊戯は、初めの稿の冒頭に擬人化されて登場する«Nuit»〔夜〕が、ギリシア語なら«νύξ《ニュックス》»であって«πτύξ»といわば脚韻を踏むし、それをそのままフランス語表記にすれば«nyx《ニックス》»となって、後に現われる«nixe»〔水の精〕をすでに含むことにもなるから、ある程度は正当化される。ともあれ、差し当たっては、この奇妙な«ptyx»という単語の意味を、フランス語の内部で探して、具象物として「貝」だの「瓶」だのと説く前に、この語に当たるフランス語«pli»の意味のフレイムを確保しておいたほうがよい。より正確には、その辞書学的範列を求めつつも、かつそれを宙吊りにするのである。

«pli»は言うまでもなく「襞」であり、まずは布地や衣裳について言われ、次いで一般に「折り畳んだもの」「折り曲げたもの」あるいは「凹んだもの」や、「折り目」としてのその痕跡を指す。身体や地形についてもそれは当てはまるし、更にはそのような痕跡として「癖」つまり身についた習慣を言う。また、手紙を折って封をすることから、喚喩的に意味のずれを生じて、「手紙」そのものを指すし、あるいは手紙を収める「封筒」の意になる。それをマラルメの語法に照らしてみるならば、たとえば『イジチュール』以来、室内の情景にはつきものの「壁掛け」や「カーテン」は、そこに生じる「襞」によって語られるのが常であり、その「襞」は闇の中でも妖しく光って、〈不可能性の幻想獣〉たるキマイラの図像を暗示する。同じようにして――つまり喚喩的に――シーツのかかるベッドの白い表面や、あるいは「ベルギーの友の想い出」の名高い« pli selon pli »〔襞にそって襞を〕が喚起するヴェールのように一枚一枚剝がれていく朝靄《もや》ともなる（もっともこれは、ブリュージュの運河に沿った石造りの建物の「壁《へき》龕《がん》」に沿っての意もあるだろう）。この最後の二つがすでに意味の場を共有するのは、後期散文において殊に顕著な「詩句の書かるべき紙葉」や「書物のページ」の意であり、これは辞書学的に言っても特に驚くには当たらない。

こう考えてくると、《-yx のソネ》における「不在のプチックス」は、何はともあれ「不在の襞《プリ》」でありその「襞」の意味の焦点は、「白いページ」あるいは「書物」、そしてそれが喚喩的に指し示し得る「詩句」ということになりそうである。

もっとも、一九二五年に『イジチュール』がボニオ博士によって発表された時、クローデルが、イジチュールの仰ぐ毒薬の入った小瓶《フィオール》とこの「プチックス」とを直ちに結びつけたのは、マラルメの不肖の弟子を以て任じるこの劇詩人の勝手な思い込みとばかりは言えないようだ。いかにも、このソネの第二連は、詩句の字面にも「自殺」の筋書は歴然と読み取れるからだ。「〈虚無〉が誇りとする品を携えて、〈主人〉が〈冥府の河〉の涙を汲みに行った」とは、毒薬による冥府下りに他なるまいし、そのような毒薬を『イジチュール』では「海には欠けている虚無の滴」と呼んだ。その上、第二連の初めの詩句に跨って印象的に置かれている« les crédences »とは、単に「脚付きの家具」であるばかりではなく、リトレの指摘するように、「イタリアで食事の前に毒見をした配膳棚」であるとするなら、「毒薬」の意味素は一層強調される。このような〈意味の織物＝襞〉の内部で、« ptyx » は、ほとんど絵文字的に〈凹み〉を表意することによって、「小瓶《フィオール》」と読み換えられたのである。

しかし、マラルメの言語の宇宙においては、「毒薬入りの小瓶」と「詩句のページ」あるいは「詩句」とは、実は同じものではなかったか。如何にも二十代の詩人は、『エロディヤード』との闘いにおいて、「詩句を掘り進めていって二つの虚無に出会った」のだし、それはまさしく形而上学的危機であって、〈詩句〉とは、マラルメにとって「死の苦しみ」であり、単に心理や生理に基く比喩ではなく、文字どおり存在論的に〈語る主体〉の死なのであった。詩句は、語り手の〈声〉の消滅する空間に、外部の異形な言葉として、その姿を黒く煌《きらめ》かせる。

こうして、〈瓶〉というなら、当然に「インク壺」という、〈夜〉を溜めるクリスタルの〈凹み〉が介入もしてくるのであり――天空の星晨のアルファベットが暗い広がりに光で書かれるのに対して、「人は白の上に黒く続ける」――これらの複数の意味は、イメージとして一つに決定されるべきではなく、意味の範列として宙吊りにされることで、イメージそのものも、多重的に、相互に反映しあい、散乱する。

『エロディアード古序曲』で「降霊呪術」のように一人語りをする乳母は、エロディアードが呼ぶのかエロディアードを呼ぶのかは定かでないが、とにかく一つの異形な降霊術の声が、

「ヴェールのかかる古びた輝き」となって立ち昇る空間を、「思考の黄ばんだ襞」だと語る。〈襞〉の思考は一つの思考の襞《くせ》でもあって、どうやら二十代のマラルメは、狂気と恍惚のはざまにあって、そのような思考の〈襞〉を見つけたのであった。

外の思考

〈襞〉の話を持ち出したのは、実はフーコーの死後、昨年ドゥルーズが著した『フーコー』の後半が、『性の歴史』の哲学者の思考の鍵として、「襞」あるいは「褶曲」という発想を論じているからだ。そこには、フーコーとブランショの相互照射というスリリングな論法があるから、当然のことにマラルメのテクストへのレフェランスは頻繁であり、時には文字どおりの引用コラージュもある。

このドゥルーズの『フーコー』については、すでに浅田彰氏が何回か紹介記事を書いていて、最も傑出したフーコー論としているが（たとえば「襞のトポロジー――ドゥルーズ／フーコーを読む」『現代詩手帖』一九八六年十一月号）、事実、その前半部をなす、旧稿に手を入れた「新しい古文書学《アルシヴィスス》者《ト》」（『知の考古学』について）や「新しい地図作成者《カルトグラフ》」（『監獄の誕生』について）は、それらが雑誌に発表された時から、私も大いに刺戟を受けた記憶がある。しかし、『性の歴史』三巻の全体を見通す議論には――ドゥルーズは未定稿の第四巻も見ている――『快楽の活用』と『自己への配慮』の出版がフーコーの突然の死とほとんど重なったために、つい著者の個人史的レベルで読もうという傾向が強かった。この三冊の書物を、フーコーの思考と言説の内部に置き直し、かつその思考と言説とに逆照射を与えるような形で読み直す作業は少なかったのである。

すでに『言葉と物』から『知の考古学』に至る〈言表《エノンセ》〉の集蔵庫たる〈アルシーヴ〉の分析を通じて、それぞれの時代の「基本的選択」としての〈知〉を明らかにする作業を、丁度地質学者が地質の〈成層《ストラート》〉を分析するそれに喩えたドゥルーズは、『監獄の誕生』から『性の歴史』第一巻『知への意志』の作業を、それらの「成層」の内部に走り、かつそれらの「成層」をある関係に置くために不可欠である〈外部〉としての〈権力〉の作用の分析とする。というのも、〈言われるもの〉と〈見えるもの〉、〈言語〉と〈光〉という、〈知〉を構成する二つの〈形式《フォルム》〉は、互いに外在する関係にあって、通俗的な意味における現象学、つまりその〈志向性〉が説くように、意識が事物を目指し、世界内において自らを意味として立てるという、〈見ること〉と〈語ること〉が連続的だとする態度を、フーコーは拒否するからだ。紋章学的に喩えて言うなら、〈図書館〉と〈一望監視方式《パノプチコン》の監獄〉とは互いに重ならない。そのような二つの互いに外在的な〈形式〉を関係に組み込むものとして、〈権力〉があり、この意味で〈権力〉の作動する場とは、〈外部〉に他ならない。更に言えば、〈思考すること〉は何かしら統一性のある〈内面性〉から可能になるのではなく、そのような〈外部〉から到来する。

このようなフーコーの〈権力〉の〈分析学〉を、ドゥルーズは「図表《ダイヤグラム》」の発見として捉えるのだが、『性の歴史』の第一巻『知への意志』と、それに続く『快楽の活用』ならびに『自己への配慮』の間で起きたフーコーの転換については、それを、この「図表」における〈外部の線〉(ligne du dehors)の褶曲と捉える。〈外部〉(le dehors)が折れまがり凹んで、一つの新しい〈内部〉(le dedans)を構成するに至った、つまり『知への意志』までの〈力関係〉とは異なる力関係の構造関係《エコノミー》が発見されたのであり、そのような〈内部〉となった〈外部〉という〈襞〉において、〈自己〉(soi)の成立が可能になったと。

背後には、「軍隊が身を隠す窪地」としての《pli》をもっているように思われるこの戦術的「図表」。それは、しかし、フーコーにおける〈外部〉あるいは〈外〉、つまりフランス語では《l'extérieur》や《l'extériorité》ではなく《le dehors》と呼ばれているものについての思考を前提にしなければ、単なる絵解きのように見えてしまう。

我が国では豊崎光一の訳文で読むことのできるフーコーのブランショ論の表題であった「外の思考」(la pensée du dehors〔エピステーメー叢書、一九七八年〕)は、たしかにフーコーによる文学論の白眉であり、ブランショ論としても最も刺戟的でかつ正鵠を射たものであると同時に、フーコーの思考の〈襞〉を理解するには欠かせないテクストである。それは哲学的命題としては決して容易ではないが、そこで引用されるブランショのテクストによって、あるいはまたそこに引き合いに出されるニーチェやサド、マラルメ、アルトー、バタイユ、クロソフスキーといった、フーコーにとって近代性の時代の〈言語の体験〉の紋章的な形象《フィギュール》によって、フーコーが「外の思考」という名で呼ぶものがどのような体験に照応するのかは、読み取ることができるからである。

〈外〉とは〈外界〉ではない。「語る主体が消滅し、言葉の存在だけがむき出しに出現する」ようなそういう空間だとフーコーは言う。ブランショにとっての「誘引作用《アティランス》」が、サドにとっての欲情、ニーチェにとっての力、アルトーにとっての思考の物質性、バタイユにとっての侵犯に当たるものに違いないと考えるフーコーが、ブランショの小説によって具体的に分析する〈外＝外部〉の誘引作用は、極めて鮮明である。特に、『至高者』において主人公の公務員であるソルジュが——彼はドイツ語に読み換えれば«Sorge《ゾルゲ》»つまり「配慮・心配」という名をもつ——「法の最初の形」である戸籍係という、「あらゆる出生を記録書類に変える役」を突如放棄するだけで生じる「死の統治」。それは「戸籍の統治のように分類整理を行うものではもはやなく、流行病のそれのように、無秩序な、伝染性の、無名の」ものであり、「死亡と認定を伴う本物の死ではなく、混沌とした屠殺場」に他ならない。「隔壁が破られ、すべてが溢れ出る」――「増してくる水の帝国、いかがわしい湿気の、滲み出しの、腫瘍の、嘔吐の王国」であって、「個体性は溶解し、汗まみれの肉体は壁に囲まれて溶け」、「終りのない叫びが、それを押し殺す指を通してわめき立てる。」しかしながらソルジュは、「自分が他人の存在を整理してやる務めを負っている国家に対する職務を離れる時、法の外に身を置くわけではない」のだ。「彼は法をして、彼が放棄したばかりの、あの空虚な場所に顕現することを強いる」のであるから。

「外の思考」は、『クリティック』誌の一九六六年六月号に発表され、私はそれを翌六七年三月十九日にパリで読み終えていることを、この雑誌の書き込みから見つけたのだが、それを引いたのは、今読み直してみて、それがあの当時の〈演劇的想像力〉の最もラディカルな〈期待の地平〉を画していたものであることを思い起こしたからである。

フーコーは言う。カントとヘーゲルの時代に、つまり西洋的意識にとって歴史と世界の法則の内面化があれほど緊急に求められていた時代に、サドは、世界の法なき法としての欲情の赤裸な姿のみを語らせ、ヘルダーリンは神々の煌めく不在の顕現と、〈神の欠如〉から来る謎めいた助力をいつまでも待ち望むという務めを、一個の新たな法として告げることによって、来るべき時代にとっての暗号のようにして、〈外の思考〉を記したのだと。そしてこの体験が、十九世紀後半に、言語の中枢部において再び姿を現わす。ニーチェにおいては、西洋形而上学がすべて西洋文法と結びついているばかりではなく、言説をなすことで発言権を保持する者たちに結びついているという発見。マラルメにおいては、言語が、その名指すものと訣別して、更には、『イジチュール』に始まり〈絶対の書物〉の自律的かつ骰子＝偶然に基づく演劇性に至るまで、語り手がその中で消滅する運動として現われる。アルトーにおいては、あらゆる言説的言語が、肉体と叫びの暴力のうちに解き放たれ、意識の饒舌な内面性を離脱した思考が、物質的エネルギー、肉体の受苦、主体それ自体の処刑と八つ裂きに転じる。バタイユにおいては、思考が矛盾ないし無意識の言説である代わりに、限界の、破られた主体性の、侵犯の言説となる。そしてクロソフスキーにおける、分身の、模像の外在性の、〈自我〉の演劇的かつ錯乱した多数化の体験……。

『言葉と物』が、六〇年代後半の〈気分《シュティムング》〉を極めて尖鋭に代弁していたことは、すでに個人的体験としても何度も書いたが、「外の思考」もまた、同じ思考の地平を画すテクストであった。事実、そのような〈外部〉から侵入してくる〈力〉あるいは〈外部〉の誘引作用は、当時のパリの劇場にもあからさまな姿を見せはじめていたからである。

しかしそれから二十年の歳月をおいてこのテクストを読み直した時、真先に頭に浮んだのは、グロトフスキやリヴィング・シアターの〈肉体の演劇〉であるよりは、そのような〈肉体の演劇〉が風化していくなかで、七五年に、マドレーヌ・ルノーが演じたベケットの『わたしじゃない』という、当時の新作のことであった。

暗闇の中で、老女優の毒々しく紅を塗られた〈唇〉だけが浮かび、それが、完成した意味にはついに達しない分断された言葉を、果てしなくしゃべる。もちろん、ルノー夫人のベケットは、六五年の『うるわしの日々』の初演以来、アイルランド生まれの劇作家の〈不条理劇〉を、言ってみれば、現代の前衛劇の古典たらしめるに大いに貢献してきた。そのようにして「名作」となってしまったベケットには、〈外の思考〉の危険な力などは影ほどもなくなってしまうが、事は単にそればかりではない。この『わたしじゃない』のパリ初演は、ルノ＝バロー劇団が当時拠点にしていたオルセー劇場の小ホールで行なわれたが、その時には、同時に、ベケット自身の演出による『最後の録音テープ』も上演されている。ピエール・シャベールという、バロー劇団の異才による主人公クラップにもかかわらず、作者必ずしも演出家として納得性のあるものではないことの見本のように思われて、この『最後の録音テープ』は、甚しく心理劇的であり、それこそひどく古めかしい〈内面性〉の顕揚の劇かとさえ疑われた。ベケットのあの台詞を分断する〈余白〉が、台詞と人物とを互いに外在的な関係に引き離すような残酷な〈外部〉であることをやめて、たちまち登場人物の〈内心の風景〉に様変わりをする。それは単に「神学的」であるばかりではなく、ほとんど「護教的」ですらもあって、『ゴドーを待ちながら』を見せられるたびに味わう失望もここにあることを確認したのだ。先程「名作」と書いたのはこの間の事情を指す。

ところが『わたしじゃない』の〈唇〉は違う。役者が言葉を内在化させる余地など全くそこには残されておらず、フーコーの言う「語る主体が消滅し、言葉の存在だけが生ま生ましく現前する」光景が、まさにそのようなものとして出現する。他の如何なるベケット劇にも見られない、それこそ息を呑むような〈誘引作用〉の顕現がそこにはあったのである。

フーコーの言う〈外〉あるいは〈外部〉を、ドゥルーズは当然のことながら、フーコーのブランショ論によって発想する。これは、ある時期からのフーコー自身の文学離れが、一般に文学や文学研究の地盤沈下と共に、フーコーの思考や言説の文学的系譜学を無視させる結果にもなっている現状を思えば、やはり貴重な証言である。しかし、ドゥルーズの分析で興味深いのは「考えること」を外から到来するものとして跡づけたことだけではなく、〈外〉あるいは〈外部〉の思考を、フーコーの権力論との関係で読み直したことである。

〈外〉（le dehors）と〈外在性〉（l'extériorité）とは区別しなければならない、とドゥルーズは言う。〈外在性〉とは、なお一つの〈形式《フォルム》〉であり、しかも二つの互いに外在する〈形式〉だ、というのも、〈知《サヴォワール》〉は、光と言語、見ることと話すことという二つの相異なる場から成るからである。それに対して、〈外〉は力に関わる。力というものが常に他の力との関係にある以上、力は必然的に、還元不可能な〈外＝外部〉というものに送り返されるのであり、その〈外＝外部〉は、形式をもたず、まさしくそれによって一つの力が他の力に働きかけ、あるいは他の力によって働きかけられるための、分解不可能の距離である。そもそも、知の互いに外在的な二つの形式が真理の問題として歴史的に総合され得たのも、力が形式の空間とは異なる空間において作動したからに他ならない。〈無‐関係〉の関係、〈非‐場〉の場であるような〈外の空間〉においてである。フーコーとブランショの出会う一つの点はここにある。「思考することは外部に属する、この外部が、《抽象的な嵐》として、〈見ること〉と〈話すこと〉の間隔に沈み込む限りにおいてである。」

　力の作動する空間としての〈外部〉。ところでフーコーにおける〈権力〉とは、たとえば「国家という形式」の如き形式ではない。それは「二つの点から他の点への関係」であり、「力の関係」に他ならなかった。この〈力の関係〉の働き方は二重であり、「他の力に働きかける力」と「他の力に働きかけられる力」とがそれであるが、しかし、すべての力は、同時にこの二つの働き方を備えている。権力の網の目は遍在するが、同時に抵抗も遍在するとか、あるいは国家権力のように上から来る権力の捉え方を変えて、下から来る極小権力を考え直さなければならないといったフーコーの〈権力の分析学〉は、『性の歴史』第一巻『知への意志』のライトモチーフの一つだ。しかしこのような権力論と、そこから導き出される〈隷属化〉としての〈主体化〉（« l'assujettissement »）の分析だけでは、所詮袋小路に追いこまれてしまうのではないか。ドゥルーズは、『知への意志』の後でフーコーが直面した問題をこのように明示しつつ、そのようなフーコー自身にとっての問いの表現を、『汚辱列伝』（*La vie des hommes infâmes*）と題してフーコーが準備した、「引用集」の序文に見る。

ガリマール社刊の『カイエ・デュ・シュマン』一九七七年二九号に発表されたこの「序文」は、『知への意志』の著者が、その著作の呼び起こした世界的反響——当然そこには〈性の解放〉のイデオロギーから、精神分析の擁護、あるいはフーコーの〈権力の分析学〉に対する批判まで、様々な反論があった——のなかで書いたテクストとして、極めて重要である。それは十七世紀末から十八世紀に書き記された「実人生」の「短い」記録のアンソロジーであるが、そのような書物を編集しようと思い立ったのは、フーコーが国立図書館で、十八世紀初頭における犯罪人の投獄調書を読んでいた時だという。そこからフーコーが取ったメモは、たとえば、次のようなものであった――

マチュラン・ミラン、一七〇二年八月三十一日、シャラントン施療院に収容――「その狂気は、自分の家族から身を穏すこと、田舎で不可解な生活を送ること、訴訟をすること、高利で、しかも支払い能力のない相手に金を貸すこと、未知の街道に己が哀れな精神をさ迷わせること、そして自分は最も重要な役割につくことが可能だと信じていること、であった。」

ジャン・アントワーヌ・トゥザール、一七〇一年四月二十一日、ビセートル癲狂院に監禁――「背教のフランシスコ派修道士、煽動家にして、世にも恐るべき罪を犯しかねぬ、かつまた男色家、言うならば無神論者。彼こそはまことのおぞましき怪物にして、自由を与えておくよりは、息の根を止めるに適わしい。」

フーコーは、このような短い収監記録を読みながら、通常〈文学〉と呼ばれるものが与えてくれるより遥かに大きな衝撃を受け、それを分析しようとして果たさず、結局、そのようにして収集したテクストを、一種のアンソロジーとして出版してみようと思い立ったのだ、という。

それは、フーコー自身が親しんでいた時代（十七世紀から十八世紀、彼の言う「古典主義の時代」）に書き残されたものであるというだけではなく、これらのテクストが、いずれも「現実に存在した人物に関わる」こと、「できる限り短い文章で語られている」こと、「実人生からなる歴史というものの不可欠の部分をなしている」こと、そして、これらの文章が与える「美と恐怖の作用」によってなのだ。

そこには単に上記の如き収監記録だけではなく、国王を初め時の権力者に対する様々な庶民の訴えが収録される。しかもそれらはいずれも「誇張的文体」をもち、「〔ラシーヌの〕ネロンや〔コルネイユの〕ロドギュンヌに比肩して少しも恥じない」悲劇的な演劇性を備えているのである。言ってみれば、「ラシーヌやボシュエ、あるいはクレビヨンのほうに向かい」ながら、同時に「民衆の喧騒、悲惨と暴力、低俗さを担う」文体であり、「セリーヌの人物たちが、ヴェルサイユにおいて自分たちの言葉を聞かせようとするが如き」ものであって、そのようにして、「哀れな常民の身体が、ほとんど直接に王の身体に、庶民の騒乱が、王の典礼に対決させられている。」『汚辱列伝』におけるフーコーの分析は、それ自体で極めて面白い。しかし、この「序文」の中で、恐らくフーコーがその本音を語っているのは、ドゥルーズも指摘するように、次の一節だろう。

「人生の最も強度な瞬間、人生のエネルギーが集約される瞬間は、まさしくそれが権力とぶつかる時、権力と葛藤し、権力の力を利用しようとするか、それから逃れようとするかする瞬間なのである。」

この一節は、フーコー自身が自分に投げかけられた批判として、「所詮あなたは一線を越えることができないでいるではないか、向こう側へ行き、他の地点から、下のほうから届いて来る言葉に耳を傾けることも、それを人々に聞かせることもできないでいる。相変らず権力の側から、権力が語り、語らせるものを選ぶだけだ」という文の後に来るだけに、意味する所は大きい。人は権力との出会いにおいて、権力との葛藤において、生の最大限のエネルギーを発揮する――フーコーの〈知への情熱〉は、常にこのような〈燃焼〉に貫かれ、導かれていた。それが、恐らくフーコーの与える、あの緊張感のいわれであろうし、この点については、この哲学者の研究と言説の実践は掛け値無しであった。しかし、やはりそれだけでは、権力の網の目のなかから脱出することはできないのではないか。

『知への意志』のあのスリリングな権力の分析学が、著者自身を追いつめた一種の袋小路。そこからの脱出、あるいはその乗り越えの努力は、『性の歴史』の続篇の計画変更が如実に物語っている。たとえばキリスト教的西洋世界と、ある種の東洋（それは古代ギリシアやローマでもよい）の対比として語られてきた、あの「性の科学」と「性愛の術」の対比。あるいは、性について際限なく語り語らせるという西洋世界――特に西洋近代――の発明である快楽とは異なる「新しい快楽」の発明や、それに見合う「新しい身体」の創出。こういった〈期待〉が、フーコーの予測していたような形では立ち現われないばかりか、このような対比自体が誤解の種ともなることに、フーコー自身いちはやく気づいたのであろう。『快楽の活用』と『自己への配慮』とが出版される直前に発表されたいくつものインタヴューで、フーコーはしきりと« se déprendre »する〔それまでの自分を断ち切る〕決意を語っているが、それは、かくも知的にラディカルな作業を続けてきた人にして初めて口にできることとは言うものの、やはりそこには異常に大きな転換の必要があったと考えられる。

分析の対象自体の変更に関して言えば、恐らく直接の契機の一つは、古代ローマ史の専門家であり、当時フーコーが親しくしていたポール・ヴェーヌによる、古代ローマの性習慣や倫理についての研究と知見であり、他の一つは、イギリスの学者J・K・ドーヴァーによる『古代ギリシアにおける同性愛』の研究であったようだ。前者は、たとえば一夫一婦制に基づく結婚の要請が、なにもキリスト教会の発明ではなく、古代世界においても、しかも必ずしも知的選良の間においてではなく、すでに広く共有されていたことであって、キリスト教会はその上に乗っただけであるといった分析。フーコーの関心の出発点は、十三世紀以降、カトリック教会における信者の〈告解〉の義務づけによって、〈真理〉産出のメカニズムが〈性的欲望〉という場を特権視するようになったことにあるのだから、逆に言えば、キリスト教会の発明であるものと、そうでないものとの腑分けをすることは、不可欠な手続きだったが、その過程で、歴史的〈通念〉はしばしば誤っていることを発見していったのである。たとえば、単に一夫一婦制という狭義の制度の問題として捉えたのでは、古代世界とキリスト教世界を距てるものが見えてこない。この二つの選択の規準は何であり、どう違うのか。

『自己への配慮』という紀元一〜二世紀のストア派における〈性現象《セクシュアリテ》〉への対応が、まず最初の変更であって、そこから更に遡って古典的ギリシアにおける少年愛の問題に至りついたのはほぼ確かだと考えられる。ギリシアにおける〈少年愛〉が、後代の西洋世界が幻想するような、言ってみればユダヤ・キリスト教的原罪に先立つ「同性愛の楽園」ではなく、極めて厳密な社会的典礼に従う必要のある困難な体験であるという発見。そこではポリス社会の「自由人」としての成人男子と、将来の「自由人」である少年との愛である限りにおいては、やはり「自己」というものへの配慮がすべてに優先するのであり、それが古代ギリシアの発明した新しい一つの〈力関係〉に他ならなかった。

J・K・ドーヴァーの『ギリシアにおける同性愛』は、一九七八年にロンドンで出版されており、この主題に関する画期的な研究である。しかしこの著作を画期的たらしめているのは、〈性の解放〉に歴史的補強を与えるべく、キリスト教的抑圧に先立つ〈自由な性愛の享受〉を実証しようとした、という類の書物ではまさになかったことにある。古代ギリシアの様々な文献の分析と、同時に壺絵を中心とする図像的資料を綿密に検証するドーヴァーの論の核心は、古代ギリシアにおいては、〈愛スル男〉と〈愛サレル少年〉は、一つの厳密なルールに従って愛を実践しなければならず、それは〈愛サレル少年〉が〈受動的な存在〉になってはいけないという一点にかかっている。ここで「受動的」と言われているのは、性愛において「受動者」と見做されていた〈女〉と同じ立場になってはならないという禁止である。ドーヴァーのいささか単調な議論は、文献と図像のあらゆる場合について、少年との〈股間性交〉は許されているが、〈肛門性交〉は許されなかったことを実証することにあったと言っても過言ではない。

フーコー自身が認めているように、『快楽の活用』における〈少年愛の典礼〉の発想のヒントは、このドーヴァーの論文である。『ギリシアにおける同性愛』が一九八二年に「野性の思考」社から仏訳によって刊行される直前に、同性愛専門季刊誌『仮面』*Masques* が、一九八二年春季号（一三号）に載せたフーコーとのインタヴューで、すでにフーコーは、ドーヴァーに負うところを明確に語っている。重要なのは、古代ギリシア人にとって「同性愛という概念《コンセプト》は存在しなかった」ことであり、道徳的な分離線は、愛の相手が同性か異性かということではなく、「能動者」か「受動者」かということに要約されていた。したがって、「受動者」とは〈女〉であり〈奴隷〉なのであるから、「自由人」としてのポリスの市民にとっては、性愛において「受動者」たることは許されない。それを後代ローマの諺は、こういう風に要約していた――「男ニヤラレルノハ、奴隷ニトッテハ必要ナコト、自由人ニハ恥デアリ、解放奴隷ニハ奉仕デアル」と。つまり、『ヌーヴェル・オプセルヴァトゥール』紙のインタビュー（一九八四年六月一日号）ではっきりと語られているように、「自由人にならねばならぬ少年が、他の人間の快楽の対象として、支配され、使用されることは認められない」のであり、そこから、少年と成人男子の間の肉体的関係には「相互性」があってはならないということになる。「性的関係においては、人は能動的であるか受動的であるかであり、挿入するか挿入されるか」であって、それが「相互性」を目的とする「友情」との根本的差異だと言うのである。「少年が男との関係において快楽を覚えるのは不名誉なこと」と見做されていた、と。

フーコーの死の直後に出た『ヌーヴェル』紙の同年六月二十八〜七月五日号は、生前最後のものとなった五月二十九日のインタビューを掲載しているが、そのなかで質問者は、プラトンの『パイドロス』などを引いて、古代世界における「性的錯乱」のテーマを取り上げている。フーコーはそれに対して、それはもっと後の時代のもので、オヴィディウスぐらいから始まる幻想ではないかと答えているが、フーコーにとって、古代ギリシアとローマの〈少年愛〉の戦略的な重要さは、紀元前四世紀には「性的行為が能動性」にあったこと、「性的行為が受苦《パトス》と極めて近いもの」と考えられるようになるのは紀元後一〜二世紀に至って初めて起きたことであり、そこからキリスト教徒にとっての「性行為は受動性」であり、「原罪に対する罰」であるという思考へと地滑りを生じていく点にあった。そのような〈受動〉としての性を前提にしてのみ、キリスト教的な〈自我の解釈学〉が、古代世界の生の技術《テクネー》である〈生存の美学〉とは異質の生の技術《テクネー》として成立するのである、と。

自己の統御——他者に命令する者は、まず以て自分自身を統御することができなければならない。ドゥルーズは、フーコーによるこの古代ギリシアの創意の発見を決定的な事件だと見る。すでに分析されてきたように、〈権力〉とは何よりもまず、そして本質的に、一点から一点への形式のない〈力関係〉であり、「働きかけ、あるいは働きかけられる力」として遍在するものであった。中世の日本語なら「かかる」とか「かかり」とか訳せば適当であろう«affecter»とか«affect»という単語が、ドゥルーズのフーコー論のキイワードとなるのであるが、このような「働きかける力」と「働きかけられる力」という、権力を超えたもう一つの力関係として、「自己に働きかける力」の発見をドゥルーズは読む。他ならぬ自己自身にかかかる力として、力の空間であった〈外〉は褶曲し、そのようにして生ずる〈襞〉によって一つの〈内部〉を形作る。そしてその〈内部〉に、新しい〈自己〉が生き始める。

ハイデッガーの「存在の襞」にも通じるとドゥルーズが指摘するこのような〈自己〉。それがフーコーの分析してきた〈権力〉の力関係の網の目の内部で——たとえば〈性的欲望の装置〉という〈知〉の仕組みによって——作り出されてきた〈隷属〉である主体（l'assujettissement）とは異なることは言うまでもないが、同時にそれは、伝統的な先験的自我というものでも、あるいは超越者に基づく倫理的主体でもない。そこで選択をするのは個々人であり、その選択はたしかに一つの倫理を構成するが、しかしその規準は、如何に人生を美しく生きるか、自分の生を如何にして一つの芸術作品に仕立てるかという、「生存の美学」なのである。

とはいえ、その字面にもかかわらず、この「生存の美学」は、当然に節度や規律を自らに課す。自ら選んだ〈主体化〉（la subjectivation）は、やはり本質的に闘いをはらんでおり、その関係は「闘技者的な関係」（rapports agonistiques）なのである。ドゥルーズは、フーコーが古代ギリシアにおける〈権力の関係〉の分析に深入りしなかったのは、デティエンヌやヴェルナン、ヴィダル＝ナケといった、現代の神話学者による分析がすでにあるからではないかと述べているが、恐らくそれはそのとおりであろう。デティエンヌがかつて指摘したように、ギリシアの神々には〈身体〉があったということは、キリスト教的な〈内面性〉によってこれらの神々を考えることに対する基本的な批判提起である。〈外部〉が折れ曲がって〈内部〉を構成する〈襞〉となるというドゥルーズの比喩は、それが前提としている〈力関係〉の強度を、つまり〈外部〉の強度を除外しては意味がない。仮に事を〈少年愛〉に限っても、そのように自己にかかる力が強いのは、とりもなおさず、特権的な〈襞〉である少年の身体という、あのすべすべした襞の魅惑がそれだけ大きかったからであろう。しかし同時に、そのような〈自己〉への配慮を分析するフーコーの言説が、颱風の目にも比せられるような静謐を湛えていることも事実である。あたかも古代人の〈知恵〉によってフーコー自身の思考や言説の襞が甦り、そこに浸っているかのように。

それを、ぶつかりあう烈しい力と清朗さとのあやうい均衡の上に開けたものと取るなら、「身体とは一つの大きな理性であり、本物の自己は身体に住んでいる」と語ったあの『ツァラトゥストラ』の哲学者＝詩人にフーコーをまた近づけることになる。しかし『快楽の活用』や

『自己への配慮』を浸すこの不思議な静謐が、私には逆に不吉な印象を与えたことは、すでに幾度か書いた。『汚辱列伝』がまだ語っていたあの「生の最大限のエネルギーの燃焼」といったものとは、余りにもかけ隔った空気の中に呼吸する想いがしたからである。

襞あるいはドラマトゥルギー

八四年六月に襲った突然の死。それに先立つ時期に、フーコーはしばしば「友愛」を語っていた。そのようなフーコーのメッセージは、ブランショの美しい小冊子『ミシェル・フーコー——想いに映るまま』（豊崎光一訳、哲学書房、一九八六年）に感動的な反響《エコー》を残している。しかし、フーコーの最後の二著における古代の〈少年愛〉の分析を以て、フーコーが男同士の愛について考えていたことを判断することはできない。そもそも、そのような少年愛の典礼に、倫理的「代案」を求めているわけではないことは、『ヌーヴェル・オプセルヴァトゥール』紙のインタビューでも語られている通りだ。この点では、八二年にイタリアの雑誌《 *Salmagundi* 》に載り、死後八五年一月に、フランスのゲイ週刊誌《 *Gai Pied* 》が発表したインタビューを読むべきだろう（増田一夫訳、『同性愛と生存の美学』哲学書房、一九八七年所収）。同性愛に新しい愛の形、新しい生き方の可能性を見るフーコーは、« gai savoir »（快活な知）は « gay savoir »（ゲイの知）から生まれ得ると、単なる地口ではなく考えていたようだし、このような話題を、しかも自分の問題として語るフーコーの率直さは、やはり敬服に値する。しかし、ギリシアの少年愛について、〈女〉のように体を貫かれたり、あるいは男との愛から〈快楽〉を得てはならない少年のことを論じるのを読むと、やはり、それとはまさに対極に立つもう一つの文学的言説を思い起こさないではいられない。フーコーに遅れること二年で死んだ、そして刑務所改善運動を初めとする幾つかの政治闘争においてはフーコーの同志でもあった、ジュネである。

ジュネもまた——とはいえ、フーコーとは時間の上で比較にならぬスケールで——長い沈黙の後に、遺作となる『恋する虜』（鵜飼哲、海老坂武訳、人文書院、一九九四年）と題する、回想録とも小説とも取れる長大なテクストを残して去った。パレスチナ解放戦線との連携を〈筋立て〉の上では中心に据えているこの書物は、フーコーの遺作とは別の意味で、深く澄み切った、不思議に静謐な風景に満ちている。

しかしながら、ジュネを作家として知らしめ、社会人として自由にしたあれら自伝的色彩の濃い長篇小説では、こそ泥や男娼たちの、裏切りや受動的男色が、絢爛にして豪奢な反世界を形作っていたことを、私達は知っている。そこでは、まさにフーコーの説く隷属化を徹底して生きさせられることを選んだ少年達の、文字通り受動的な性愛が語られるのであって、語り手であれ、語り手の同化する若者であれ、その性愛の至福とは、己が肉体の内部の襞を、愛する男の鋼鉄の性器によって貫かれ、自らは「溶解し」「軽やかに」なることだった。たとえば『泥棒日記』の終わりに近い、「夜よりも広大な」黒人セック・ゴルギとの愛の幻想——

「二人はじっと動かない。彼は更に深く突き進むだろう。眠りのようなものが、わたしの肩の上の黒ん坊を打ちのめすのだ。わたしを押し潰す彼の夜の中で、わたしは次第に溶けてしまうだろう。口をあけたままで、わたしには分かるのだ、彼が重く動かなくなってぃくのが、体を貫く闇でできたこの軸の中に、彼の鋼鉄の心棒でしっかりと繋ぎとまった彼が。わたしは軽やかになるだろう〔……〕。」

このような受動的性愛、自己の肉体の供儀によって得られる快楽を、語り手は語ること（書くこと）によって、増幅させ、質的にも強度なものに仕立てる。その意味では、かつて澁澤龍彦氏が指摘したように、ジュネの筆法《エクリチュール》はポルノグラフィーのそれに酷似する。あるいは、フーコーが『知への意志』で分析した近代西洋世界の発明した快楽、つまり性的欲望のことごとくを細大洩らさずに語ることによって引き出される、あの〈真理への意志〉に貫かれた特殊な快楽というものにも通じると言える。この受動の性愛を語るそのような言説が、フーコーの言うキリスト教会の〈欲望の解釈学〉と通ずるのも当然かもしれない。『汚辱列伝』が「ヴェルサイユ宮で語るセリーヌの言葉」と述べたのをもじって書くなら、「クローデルのバロック的大聖堂で語る娼婦の言葉」とも言えるが、しかしジュネの場合はもう少し手がこんでいて、――これはその劇作において明らかになるが――その大聖堂は同時に娼家であり、娼婦の語る言葉がクローデルなのであった。

ともあれ、そのような肉体と人格の全的隷属の関係から生まれる語り手の〈私〉が、ギリシアにおける少年愛の典礼によって〈愛する男〉に要求されていたあの〈自己という襞〉とは正確に逆様のものであることは確かだろう。後者が〈外部〉の褶曲して作られた〈内部〉という襞だとするなら、ジュネの受動的男色者の幻想とは、〈内部〉が反転して〈外部〉になったような、裏返しにされた襞である。そのような、まさに〈外部〉の侵入に他ならず、〈外部〉へと溶解して溢れ出す運動に他ならない性愛の実践。それを貫く力関係を、己が内部に全的に受け入れつつ、しかもそれを外部としてはらみ込んで空無化してしまうような、そのような途方もない賭である。作家の誕生というエクリチュールの聖別化作用の神話を常に紋章としつつも、ジュネの小説は、まさにそのような作家とは、〈外部の思考〉を書きとめる襞という装置に他ならないことを雄弁に語っている。

このことを逆に納得させるのは、小説を放棄した後でジュネが書いた劇作である。小説が歌い上げた言説による虚構の〈主観＝主体性〉、それを貫く構造関係《エコノミー》そのものを、舞台的虚構として演劇的典礼に仕組んでいるからだ。そこでは、劇場という装置そのものが、巨大な幻想の襞に変貌している。あるいはこう言ってもよい。演戯者の自己とは、そのような外部のものに他ならぬ〈力関係〉を内にはらみ込み得る一つの襞であると。演戯者にとって登場人物の〈内面性〉とは、己が内面性とは明らかに異る内面の擬態にすぎないが、それ故にこそ、演戯者が自らの内部に開き保つ〈自己〉とは、〈外〉へと開かれた一つの特権的な場なのである。

フーコーによる〈権力の分析学〉は、ラシーヌ悲劇の演出を中心とする私の演劇作業にとって、ジュネ演劇の仕掛けと共に、決定的な役割を果たしてきた。というか、私自身、意識するとしないとにかかわらず、フーコーの書物を、そのような自分の関心＝利害に従って勝手に読んできたように思う。フーコーが好んで用いる〈分身〉とか〈仮面〉あるいは〈遊戯〉でもあり〈ゲーム〉でも〈賭〉でもある « jeu »――フーコーの言説には、演劇性もドラマトゥルギーも事欠かないからでもあろう。しかし、ドゥルーズに触発されて、襞にそって襞を追ううちに、気がついた。たしかにフーコーの言葉は、フーコー自身が好んで述べたように、「私が語るのではなく、不特定、無名の人（on）が私において語る」のではあるにしても、あるいはまた

「考えることは外部に属する」のであり、「外部は力関係の作動する空間に他ならない」としても、そのような〈外部〉が思考となり言説となり光となるのは、他ならぬフーコーの名で呼ばれるこの透明で千変万化する強靭な襞においてではなかったか、と。

思考の襞を追うことは、襞の思考へと導く。

1987.2.15

付記

フーコーの『性の歴史Ⅰ――知への意志』における重要な問いの一つは、ヨーロッパ世界における性現象の歴史、特に十九世紀以降の、「性的欲望」の分析に終始する「性科学」(scientia sexualis)」に対して、「性的快楽の強度」という視座が欠落していることであった。フーコーは、まさにそれとの対比で「エロスの技法」(ars erotica)、すなわち性における快楽の強度を追求する文化(例えば中国や日本)の存在を強調した。しかも、この「快楽の強度」は、新しい「主体化」の問題形成の中で提言されていたのであった。

それが、『性の歴史Ⅱ――快楽の活用』では、古代ギリシャにおける「少年愛」の典礼の分析へと展開するのは周知のことであるが、『知への意志』で触れられた「快楽の強度」の「快楽」が、そこでは《plaisir》と呼ばれているものの、ラカン的分析の語法で言う、《plaisir》であるのか、それとも「主体」の閾を超えた何かへと向かう、言わばサドやバタイユの「経験」に通底する《jouissance》であるのかで、主体化との関わりは大きく変わってくるはずだ。

この点では、アメリカ人のフーコー研究家デイヴィッド・M・ハルプリンの『聖《セイント》フーコー』(David M. Halperin, *Saint Foucault: Towards a Gay Hagiography*, 1995〔邦訳、太田出版、一九九七年〕)が伝えるフーコーの言葉、すなわち「フィスト・ファックは、性の武器庫にわれわれの世紀が貢献した唯一の新製品だ」「一九世紀は結局無数の種類の倒錯した性的欲望を発明したが、しかし実質的には、性的快楽という点では千年間、なにも新しいものは作られなかったのである」(邦訳一三四ページ、一三五ページ)という主張は、「快楽の強度」と「主体」との関わりを考えるには、やはり重要であろう。

本稿で、『汚穢列伝』の素描する、権力との関係で出現する強烈な主体と、受動的男色家としての『泥棒日記』におけるジュネの異形な主体溶解の体験とをあえて対比的に引用したのも、「襞」の思考のパラダイムの内部で、「快楽の強度」の問題形成の謎に接近するためであった。(2007.3)

見ること、身体——フーコーの『マネ論』をめぐって

渡辺守章

——絵画で私が好きな点は、どうしても見つめるように仕向けられていることです。それは私にとって休息になる。絵画は、私が楽しんで書き、誰とも闘うことなしに書くことのできる数少ない事柄の一つです。絵画に対しては、戦術的あるいは戦略的な関係は、全くもたないと考えています。

（ミシェル・フーコー「哲学者たちは何を夢想しているのか」
『ミシェル・フーコー思考集成Ⅴ』筑摩書房）

1　フーコー没後二十年

今年、二〇〇四年は、哲学者のミシェル・フーコーが亡くなって二十年になる。夏には、ジャック・デリダの最後となるインタビューが、アテネ・オリンピックの最中に『ル・モンド』紙（八月十九日）に見開きで掲載され、その死期が迫っていたとはいえ、すべてのメディアがオリンピック一色になる国とは、相変わらず何という違いか、などと感心しているうちに、秋になってそのデリダの訃報が伝えられた。

雑誌の特集号などは葬式のようなものでいやだ、とフーコーが語っていたのは、勿論二十数年前のことになるわけだが、デリダも亡くなってみると、いかにも一つの時代の終焉、あるいはすでに長かった葬列の、いよいよ本格的な大詰と思えてくる。

今年に関して言えば、パリの秋の芸術フェスティヴァルが、ミシェル・フーコーをメイン・テーマに取り上げ、ジャン・ジュルドゥイユの「作家シリーズ」として、フーコーの肖像のような作品が上演されるという。ジュルドゥイユは、パリ・ナンテール大学の教授であったし、ナンテール＝アマンディエ劇場の支配人であったジャン＝ピエール・ヴァンサンのドラマチュルジュ（劇作担当）として知られており、特にそのハイナー・ミュラーの翻訳などは極めて優れたテクストであった。展覧会も予定されているというが、二年前のポンピドゥー・センターにおける「ロラン・バルト展」のように華やかなものになるのかどうか。フーコー・センターの遺稿などはすでにＩＭＥＣ（Institut Mémoires de l'Édition Contemporaine［現代出版の記憶資料館］）の管理に移ったはずだから、そういう資料を使うのだろうが、事実上の遺産相続人であるダニエル・ドゥフェールに質したところでも、全容は分からなかった。

確かなことは、バルトにしてもフーコーにしても、その「受容」、特にフランス以外の国や文化圏で、そのテクストや言説がどのように受け入れられているのかという「問い」が、舞台の前面に出ていることである。そうした観点から、『ル・モンド』紙は九月に、東京特派員のフィリップ・ポンスによる石田英敬氏のインタビューを載せていた。情報・メディア研究の中核を占めつつある気鋭の大学人は、一九九一年十一月に東京大学駒場キャンパスで、表象文化論研究室の主催のもとに開かれた国際シンポジウム「ミシェル・フーコーの世紀」において、フーコーの初期著作についての極めて刺戟的な発表をしたし、近年では、『知の考古学』の未発表手稿の読解の作業を行なっていて、まさにフーコーの「アルシーヴ」そのものに迫る成果をあげつつある。

石田氏のインタビューは、サルトルを除けば、フーコーほどのインパクトをもったフランスの思想家はいないこと、初期の著作から、死後出版の『言われたことと書かれたこと』(邦題は『ミシェル・フーコー思考集成』)の全部、さらには『同性愛と生存の美学』(哲学書房)に纏《まと》められた同性愛についての雑誌掲載テクストまでが、日本において翻訳されていることを挙げる。「権力と知の共謀」や「主体の根源的問い直し」といった「問題形成」がその力線をなしていることは言うまでもないが、同時に、というかそれ以上に重要なことは、「西洋的合理性の起源にあった事件や、近代性の歴史的経験を取り返す」ことで、フーコーは、「日本の、そして多くのアジアの思想家を、西洋近代の思想の呪縛から解放する役割を果たした」とする。逆説的に言えば、「西洋的概念操作の道具」に、真の「有用性」を与えたのだとも。

フィリップ・ポンスからこの記事が送られてきたのと相前後して、フランスのFM放送であるフランス＝キュルチュールからメールが届き、ミシェル・フーコーの没後二十年を機会に、一時間四五分の特別番組を組むので、「ライブで電話参加してほしい」と言ってきた。パリにいれば、フランス＝キュルチュールに出るのは結構よくあることだし、自分の舞台をもっていけば、テレビの取材もしてもらわなければ困るのだから、こうした電波メディアへの出演自体はどうということもないのだが、「ライブで、電話取材で参加」というものはやったことがない。結局、石田英敬氏に色々指導してもらい、フランス＝キュルチュールのサイトにアクセスして、画面から出る音声を聞きながら番組に参加したのであった。

しかし、電話で参加している人々の中で知り合いといえば、古代ローマ史の専門家でフーコー晩年の親友であったポール・ヴェーヌくらいであったから、こちらも同じく「考古学的」存在になったのかと思いつつ、スタジオからの電話回線が繋がると、パソコンの画面から流れている音声と異なるではないか。一瞬動揺したが、よく「聞き比べてみる」と、単にインターネットの回線で送られてくる音声が遅れていて、つまり電話の音声が先行しているということであった。とはいえ、文字情報ならばこのくらいのズレはどうということもないが、音声という時間軸リニアー構造の記号では、わずかなズレも、一瞬には受け止められない。その上、日本人と違って、彼らは「相槌を打つ」ということをしないから、電話の向こう側の完全な〈空無〉に向かって話しているような、ひどく不安で疲れる時間を経験させせられた。

そこで述べたことは、石田氏の『ル・モンド』インタビューを補完するような内容であったが、「日本におけるフーコー受容」を論じる前提として、まず強調しておくべきことは、主要な書物（その多くは新潮社刊）だけではなく、インタビューや対談、講演を集めた『言われたこと書かれたこと』（『フーコー思考集成』）の「インテグラル」が翻訳・刊行されているのは、世界でも稀有な例であること、さらには『コレージュ・ド・フランス講義録』もその全体が翻訳・刊行の途中（ともに筑摩書房）であること、などであった。

その上で、日本における「フーコー受容」を特徴づける第一の点は、その最初の来日であった一九七〇年の「状況」に関わる。この時点では日本の思想界もマス・コミも、サルトルの「君臨」と呼んでもよいその圧倒的な影響下に置かれていたから、例の「構造主義はブルジョワ・イデオロギーの最後の砦」という標語で流布された御託宣があり、多かれ少なかれ人々は、「構造主義」という名の「最新流行」には、胡散臭さを感じ取らねばならないと思っていた

（単に思い出すためのメモとして書いておけば、サルトルとボーヴォワールが来日したのは一九六六年の九月だったが、その夏前には、奇しくもバルトが最初の来日をしている）。

空中に漂う「構造主義」という、名のみ高く、極めて「難解そうなキマイラ」という感覚が共有されていたからであろう。一九六〇年代末から七〇年代にかけてこれらの思想家について語った人々の多くは、「哲学者」ではなく「文学者」であった。いわば「思想」の入り口ではなく、「文芸」の入り口から、日本はフーコーを発見していったのであり、当時の紹介者や翻訳者の多くは、哲学者ではなく主としてフランス文学（あるいは美術）の「近代性」に取り組んでいた人々であったから、そのためにフーコーは「ソフトな」ランディングを果たすことができた。それは言い換えれば、フーコーの「言説パフォーマンス」、分かりやすく言えばその「文章」の〈魅惑〉に極めて敏感な人々がフーコーに接近したということでもあり、ドイツ観念論の導入以来、たとえば音声で発せられても全く理解不可能な造語で綴られてきた近代哲学の硬直した言語態というものからは自由な、新しい言説パフォーマンスの場が開かれたのであった。

強調すべき第二の点は、近代以降の日本の〈知〉の経験として、フーコーは恐らく、哲学者の仕事が、ただ「同時代性」をもって迫ってきた最初の存在であったというだけではなく、その仕事そのものと「同時期に」われわれが接することができ、場合によってはその対話者ともなり得た最初の思想家であったという点である。フーコーは、多くの「文化使節」がするように、その名声を高めた論文や業績を一般向けの講演パフォーマンスによって広めるというようなことは一切しなかった。フーコーが語るのは、今その時に彼の思考の力線が貫く〈作業の場〉の生きた言説に他ならず、単に「難解な著作をやさしくひもといて聞かせる」類の行為では全くなかった。したがって、インタビューにせよ対談にせよ、そこに加わる者は、フーコーのそれまでの思考の総括をしつつ、新しい〈問題形成〉に参画するという、極めてスリリングで緊張の強いられる作業を引き受けなければならなかったのである。

　そして、第三の点だが、これは死後二十年を経て、そのテクストの総体が明らかになりつつある時点で、フーコーの「読み方」がどのような変化を蒙っているかを検証する必要性である。フーコーは、フランスの現代思想家のなかでは、比較的翻訳者や紹介者、あるいは研究者に恵まれていたと言えるが、それは原則としてその言説が「フランス語」から読まれていたことと不可分である。これはデリダのように、コロンビア大学等のアメリカのフィルターを経由して流布された思考とはかなり違うと言える。しかしこの点については、番組でも話題になりつつあったのだが、英語圏の圧倒的な支配力を考えるならば、英語で読んだフーコーは不正確だとばかり言ってはいられまい。問題は、必ずしも英語という言語の特性によるのではなく、アメリカ合衆国という巨大な権力装置にシフトされた言説行為の問題であって、アメリカ経由のフランス現代思想には、概して理論的な図式化、そのメッセージの極端な政治化、そして関心領域への強引な備給といった共通点が認められる。これは実は、東京大学における国際シンポジウムの際に、英語圏の学者やジャーナリストを招いて行なった討議でも顕在化したことではあったが、以後十数年の間に、現代における文化分析に際して、重要な〈問題形成〉のモデルとなった思想家フーコーの存在は、いよいよ「グローバル化」の相を呈しているように見受けられる。自分自身、『性の歴史I――知への意志』の翻訳者として、「英語から読むフーコー」というものを自分なりに捉え返しておく必要を痛感しているだけに、「日本におけるフーコー受容」の第三点は、こうした〈外部の視線〉も取り込んだフーコーの〈読み直し〉の時期が来ているということであった。

2　フーコーの『マネ論』

没後二十年という節目の年の刊行物としては、やはり二〇〇五年四月にスイユ社から出た『マネの絵画』と題する講演の完全版（*La Peinture de Manet, suivi de Michel Foucault, un regard* 所収）であろう。一九六七年にミラノで、一九七〇年に東京とフィレンツェで、一九七一年にチュニスで、フーコーが「マネの絵画」について講演をしたことは、一九六七年以来、ミニュイ社から『黒と色彩』と題するマネ論を準備していたことと共によく知られていた。しかしフーコー自身が、生前にこの講演の刊行を許さなかったために、長いこと「幻のマネ論」として、あるいは海賊版で、あるいは不完全な「起こし」のテクストのかたちで出回っていたのである。

今回のスイユ社《書かれた痕跡》叢書の「序文」を書いているマリイヴォンヌ・セゾンによれば、チュニスでの講演の録音は最後の部分を欠いていたが、そのままのかたちで一九八九年に『チュニジア手帳』の一四九－一五〇号に公表され、それを二〇〇一年四月には、『フランス美学協会』誌がその付録として刊行した。しかし、幸いにもディディエ・エリボン——彼は大部の『フーコー伝』（新潮社）の著者である——が所蔵していた完全録音版が、刊行に携わってきたドミニック・セグラールに渡されていたことが判明し、この「完全版」の「起こし」を刊行するとともに、それをめぐって哲学者、美術史家、美学者等が集まるシンポジウムが開かれ、フーコーの『マネの絵画』をめぐる言説として、この「完全版」に付されることになったと言う。因みに日本では、小林康夫氏が、その論考「フーコーとマネ論」（『表象のディスクール１—表象（構造と出来事）』東京大学出版会、二〇〇〇年所収）で、『チュニジア手帳』版を引用している。『マネの絵画』の講演は、東京では一九七〇年十月初頭に、日仏会館で行なわれたのだが、どういう訳かその記録も失われている。この講演を聞いて深い感銘を受けた者としては、今回刊行された「完全版」を繰り返し読みながら、記憶の中のフーコーの言説と時おり対比していた。

たとえば最後の締め括りの文章は《フォリー・ベルジェールのバー》を引きつつ、こう語っていたように思う――

「こうしてマネは、一方でニーチェが思考する主体に対して、またマラルメが書く主体に対して、根底的な問いを提出していたその時代に、描く主体についての根底的な問いを提出したと言えるのです。」

言ってみれば、美術史の分析とエピステーメー的問題形成とが交叉する特権的な空間にマネの絵画を置いて・見るという、視線と言説の実験である。スライドを映写しながらのデモンストレーションという講演の特性もあって、フーコーの講演としては、図式的と言ってよいほど分かりやすかった。

そこで引かれるマネは、1《チュイルリ公園の音楽会》(一八六二)、2《オペラ座の仮面舞踏会》(一八七三)、3《皇帝マクシミリアンの処刑》(一八六八)、4《ボルドーの港》(一八七一)、5《アルジャントゥイユ》(一八七四)、6《温室にて》(一八七九)、7《給仕する女》(一八七九)、8《鉄道》(一八七二―七三)、9《笛吹き》(一八六六)、10《草の上の昼食》(一八六三)、11《オランピア》(一八六三)、12《バルコニー》(一八六八―六九)、13《フォリー・ベルジェールのバー》

（一八八一―八二）の都合十三点である。

フーコーが、絵画史上のマネの位置の分析とか、あるいは画家マネの経歴の内部での変化・発展といった観点から論を立てようとしていないことは、引用されている作品の年代をざっと見渡しただけでも明らかである。ただ、フーコーとしては、画家マネの「描く視線」の変化には焦点を当てているので、その「問題形成」は、次の三つの「描き方」によって引き出されている。

第一の問題形成は、絵画を、四角いキャンバスに描かれた「物（オブジェ）」として捉えようとする視線と技法であり、それは《チュイルリ公園の音楽会》や《オペラ座の仮面舞踏会》に見られる「奥行きのない平面性」として現われる。前者では、照明を当てられた群像が前面に配されて、公園の木立を背景にしているが、上方の一部に青い空がのぞく以外は、殊更に「奥行き」を欠いている。それは後者つまり《オペラ座の仮面舞踏会》では、背景の白い壁面が、その手前に描かれて画面全体を上下に二分している白いバルコニーと、二本の、同じく白地の太い円柱とともに——そしてその欄干に腰掛けて脚だけ見せている人物によって——「背後の不在」を強調しており、同時に、黒尽くめの礼装をした紳士たちの輝くシルクハットの列の描く水平な線と、そのシルエットの描く垂直の線の並列とが、画面の「平面性」を際立てている。

画面の「平面性」を際立てる手法としては、《皇帝マクシミリアンの処刑》の、異常に近距離に立たされた「処刑される人々」とその背後を限る壁面が挙げられるし、また縦軸と横軸の線の交叉する「織物」としては、《ボルドーの港》（帆柱と帆桁と船）、《アルジャントゥイユ》（帆柱と帆桁と船体、女の衣裳の縦縞と男のシャツの横縞）、《温室にて》（人物の配置、女性の座るベンチの背の縦縞、女性のスカートのフリルの横方向への広がり）などが挙げられていく。

こうした絵画の「平面性」は、絵画をそこに存在する二次元空間の画布として強調するものであり、絵画を、それが表象するものによってではなく、その「物質性」において捉え直そうとする企てに他ならない。しかし同時にフーコーによれば、マネは、画面の内部の人物達の「視線」の方向によって、「見る者」を画面の「表と裏」という虚構に導くのだと言う。《給仕する女》の内部で、ジョッキを給仕する女性が見ている方向と、それとは無関係に、手前に座った男が見ている奥とでは、画面上の関係が断ち切られているだけに、男が見ている空間、つまりキャンバスの後ろ側を想定させるのだが、勿論そんな「裏」は存在しない。同じことは、マネの住んでいた界隈を走る《鉄道》の、線路を見下ろすはずの崖の上で、画面左手の女性が、読んでいた書物からふと目を上げてこちらに視線を投げているのに対して、画面右手の少女は、鉄道の線路の上——それは鉄格子の向こう側の「白い煙」で表わされる——を見やっている、という構成にも読み取れるものだ。

ところで、《笛吹き》に見られる「影のない人物像」、これは、光線がキャンバスの正面から直角に当たっていると考えなければ説明がつかない。そう考えて見直せば、サロンで物議を醸したあの《草の上の昼食》においても、異常だったのは、裸婦が服を着た二人の男たちに囲まれていることだけではなく、前景に当たる光線と背景の「水浴びする女」の空間に当たる光線とが、全く別の光源に由来すると見えることだった。前景の男が指差す方角から光線が来ているというよりは、キャンバスの正面からキャンバスに対して直角に当たる光線を想定しなければならないのだ。

これが第三の点であり、つまり「画布に直角に（あるいは垂直に）当たる光線」の存在である。その極端な例をフーコーは、まず《オランピア》に見る。

よく知られているように、マネのこの裸婦は、ティツィアーノの所謂《ウルビノのヴィーナス》（フィレンツェ、ウフィッツィ美術館蔵）に基づくものだ。しかし、クアトロチェントのこの代表的な裸婦が、予定調和的な光線のもとで、古代神話を読み直した輝かしい美女として描かれているのに対して、マネの《オランピア》は、同時代人にはその詮索も不可能ではないような若い娼婦をモデルに、しかも首に着けたほとんど唯一の装身具である黒いリボンといい、敢えてベッドに横たわりながら脱いでいないパンプスといい、すべてが「少女の娼婦」を意味するように仕組まれている。そこには、オリエンタリスム以来この種の裸婦には「付き物」の「黒人女の召使」が、エロティックな情景を殊更に強調しつつ、しかも「顧客から託された花束」

エドゥアール・マネ《フォリー・ベルジェールのバー》

を抱えて、それを女主人＝娼婦に差し出している。黒人の女召使の〈黒〉の性的倍音を強調するようにして、彼女はピンクの服を着ている。そして、あからさまに性的な記号でもある「尻尾を逆立てた黒い子猫」。ベッドの背景も、黒の変奏のようにして、暗い茶色の屏風と緑のカーテン以外には何も見えない。《ウルビノのヴィーナス》が、さりげなく下腹部に置いていた左手は、《オランピア》では股間を誇示するかのように、しっかりと性器を塞いで、なおかつ異例な「立体感を以て」描かれている。

しかしフーコーが注目するのは、画面に書き込まれたこれらの記号ではない。フーコーは、画面の中から「見つめる者」をじっと見返しているかのような《オランピア》の画像は、画布に直角に当たる光線によってしか得られないことを強調しつつ、それを成立させているのは、他でもない、この画布であるオランピアを見つめている「見る者」の視線なのだと説く――「我々の視線が、《オランピア》の裸体の上に開かれて、それを照らしている。それを見えるものにしているのは、我々の視線に他ならない」と。

（蛇足ながら思い出すことは、こうした虚構のスクリーンから見返す視線が、映画の単なる正面向きクローズアップではなく、よく引かれるあの『勝手にしやがれ』におけるジーン・セバーグの、キャメラに焦点をあわせて見返している「視線」であり、ひょっとしてフーコーの頭にはこの「視線」がこびりついていたのかも知れない。）

同じことは、ベルト・モリゾとその家族がモデルになっていることでも知られる《バルコニー》についても言える。三人が三様に、じっと視線を凝らしている「光景」が何であるのか、見る者は知る由もないが、まさにこの「不可視な光景」の位置を占めているのは、画布を見つめている「見る者」に他ならない。「生と死の境を顕現させる」三人の人物達。これらの「映像」を呼び出して、画布という二次元の空間に、あたかもそこに存在するかのように「出現させている」のは、「見る者の視線」に他ならないのだと。

ここまで来れば、余程鈍感な聴衆（読者）でも、フーコーの『マネ論』の目指す所がどこにあるのかは想像がつく。つまりその「表象のアルケオロジー」の内部で、丁度ベラスケスの《侍女たち（ラス・メニナス）》が「古典主義のエピステーメー」において〈紋章的な図像〉であったのと対をなすようにして、マネの絵画は、「近代性」の時代の〈紋章的な図像〉となると言うのである。『言葉と物』の冒頭を飾るあのスリリングな《侍女たち》の読解が、よく考えてみれば問題を含んでいるとしても、やはりあれはあれで、見事な「序曲」であったのだから尚更である。

「見つめる視線」によってのみ「絵画」が成立する。それがなければ単に布切れの上に絵の具が塗りたくられた「物」にすぎないものを「絵画」として成立させるのは「見る者の視線」だという、「近代性の芸術」の論の内部では、恐らくすでに人々に親しい命題。そうした問題形成を真っ先に、かつ画布の上で徹底した実践によって語ったのがマネだと言うのである。《バルコニー》について、マグリットが描いた「バルコニーに並べられた四本の棺桶」（《パースペクティヴII》一九五〇年）という間《かん》‐テクスト性の遊戯の典型を引いて、「人物たちの視線」は「死者の視線」であると付け加えるのは、いかにもフーコーの権利であった。そして《フォリー・ベルジェールのバー》における「鏡像の謎」。

フーコーの『マネ論』の〈骨子〉が、「絵画それ自体の物質性＝物としての絵画」の成立であり、その〈眼目〉が、「絵画を見る眼差しの変容」を誘う「描くこと＝描く視線の変容」であったとすれば、その講演が《フォリー・ベルジェールのバー》で終わるのはいかにも相応しい。多くの批評家・研究者を悩ませてきたこの作品は、たしかに正面向きでバーのカウンターに立つバーメイドに対して、その影が、背景をなす鏡の面には現われず、右手の、軸をずらした空間に現われており、なおかつ、その鏡像によれば彼女の前に立つはずの紳士が、中央の正面向きの肖像に対しては現われることがない、という極めて幾何学的な謎を描き込んでいる。

それに対するフーコーの解はこうである。すなわち、正面向きのバーメイドをそのようなものとして知覚する視線によっては右端の図像は捉えられないから、この画像を見る〈観客〉はみずからの視線を移動させざるを得ない、つまり、一枚の画布に対して複数の視座、あるいは視座の移動を要請する画面だと言うのである。そうすることによって、画家つまりマネは、

「見る者」が「視線」を移動させざるを得ないような「居心地の悪さ」を仕組んだのであると。

3　フーコーの『マネ論』をめぐって

フーコーの『マネ論』をめぐるシンポジウムの記録には、美術史とエピステーメーの考古学とが交叉する「トポス＝話題」として、なかなか興味深い議論を読むことができる。たとえば、古典主義時代の美学の専門家であるカロール・タロン＝ユゴンの「マネ、あるいは見る者の混乱」は、バタイユの『マネ』（一九五五年）とフーコーの『マネの絵画』（一九七一年）と、それにマイケル・フリードの『マネ——近代絵画の美学と起源Ⅲ』（一九九六年、クレール・ブリュネの仏訳はガリマール社、二〇〇〇年）とを対照して、バタイユからフーコーへという系譜と、美術史による「近代性」の定位とを論じている。「非＝知」としての絵画、つまりバタイユにおいて「ラスコーの洞窟」から、全美術史を飛び越えてマネへと到る論の孕む問題の提起。そしてマネの絵画の作用を、「《バルコニー》の緑」や「《オランピア》のピンクの染み」といった絵画的技法の問題に還元したマルローへの批判。フーコーにおいてマネは、「表象の臨界」としての絵画に他ならず、その最も雄弁な証言を、マグリットの《これはパイプではない》についてのエッセイに読むことができる。それは、絵画と言語における表象の差異を鮮明に語ったテクストだからである。しかし同時に論者は、《オランピア》についてのフーコーの分析が、ティツィアーノとの対比を詳しく語りながら、ゴヤの《脱衣のマハ》に触れていないのは、やはり問題だとしている。

（これは多分誰しも感じるところであろう。事実プラド美術館で、ティツィアーノの《アモールと音楽にくつろぐヴィーナス》の神話的アウラに包まれた裸身のあとで、ゴヤの《脱衣のマハ》の、あの挑むような視線と、異常に屈曲したトルソに接した時の衝撃は、このフーコーの文脈でも重要なはずである。ただ、フーコーとしては、マネの《オランピア》の前振りに《マハ》をもってくるのは、いかにも月並だと考えたのかもしれない。）

美学の側からの「近代性」の問題設定については、幾つもの論考が、前出のマイケル・フリードの著作を引いているが、カロール・タゴン゠エゴンの「マネ、あるいは見る者の混乱」は、その点でも出色の論文である。フリードの美術史的切り口においては、マネによって画された断絶は、バタイユの説くように「ラスコー」から以降の美術の存在を飛び越えて、「物である絵画」にいきなり到達したのではなく、むしろ十八世紀中葉以降のフランス絵画が規準としていた「絵画であることの消去」を覆すものであった点を強調する。

そこで問題とされるのは、ディドロの『俳優についての逆説』を軸とする演劇論の説く「舞台的虚構」の成立条件に関する主張、つまり「演劇的虚構が信じられるためには、観客が舞台を意識せず、舞台上の役者も観客を意識しないこと」が不可欠だとする考えである。これは、もう少し時代がくだれば、「第四の壁を通して、現実の再現を見る」というあのリアリズム演劇の原理である。これこそが「反=演劇的な伝統《アンチ・テアトラル》」と呼ばれるものに他ならず、十九世紀中葉までの絵画の「虚構の根拠」であった。こうした「虚偽を突き崩すこと」において、マネは決定的に重要であったのだ。

「表/裏、あるいは見る者を運動状態におく」の論者である若い哲学者ダヴィッド・マリーもフリードに準拠しつつ、マネこそが、「一七五〇年からのフランス絵画に固有のものであった反=演劇的伝統を清算して、表象をその目標から逸らさせ、一八八〇年代の印象派による絵画における物質性と平面性の浮上を可能にした」のだとする。これらの美術史的観点から引かれるのは、つねにディドロによる「反=演劇性」の主張であり、そこには、大別して二つの解決があったと言う。一つは、絵画に描かれた人物たちが、「見物人」のほうを見ないように構図を取るか、あるいは見るとすれば、シャルダンの描く人物のように、何かに没入していて、自分を見つめる存在を無視することができるように仕組む計算である。さもなければ、クールベの《画家のアトリエ》や《オルナンの埋葬》のように、見る者の視線を表象された画面のなかに巻き込むことによって、画布から独立してそれを見つめる「観客」を消去する戦略であり、これが第二の方法だと言う。こうして、ダヴィッド・マリーの論は、フーコーが《フォリー・

ベルジェールのバー》について、観客の「視線の移動」を要求したと考えるのは正しいとしつつ、その絵画史的な文脈を解明しようとしているのである。

このような美術史的観点を踏まえつつも、ティエリー・ド・デューヴは、青年時代にフーコーの学生として、『マネと近代性の考古学』のテーマで論文を書こうかと思うとフーコーに相談したところ、哲学者は、「ああ、マネね……」と言って笑ったというエピソードで語り始める（ティエリー・ド・デューヴ「"ああ、マネね……" ──マネはいかに《フォリー・ベルジェールのバー》を構築したか？」）。彼は美術史家として、《フォリー・ベルジェールのバー》を描くマネのアトリエにおける作業を再構成して見せ、背景に設えた「鏡」の操作によって、あの二つの視像が得られることを実証している。つまり「描く視線の時間軸における移動」が前提になっているとするわけであり、その限りにおいて、フーコーの「目の付け所」は正当化されている。

この他、『ピエール・リヴィエールの犯罪』の成立にも参加したというブランディーヌ・クリージェルの「芸術と多弁な視線」が、晩年のメルロ゠ポンティの思考との比較を企てているのは、「構造主義」の喧騒によってしばしば忘れられることの多いこの現象学者の晩年の著作や遺稿（特に『見えるものと見えないもの』）が、フーコーやバルトにとってもち得た意味を考え直す契機となるだろう。また、クロード・アンベールの「イマージュの権利」は、マグリットがフーコーに送った書簡に始まり、フーコーによるフロマンジェの回顧展のカタログの原稿「フォトジェニックな絵画」に至る「イマージュ」についての基底的な議論を呼び覚ましている。

こうした議論のなかで注目されるのは、カトリーヌ・ペレの「フーコーの近代主義」であろう。〈表象〉とフーコーが呼ぶものの解体作業として、フーコーの『マネの絵画』を読み直しつつ、一九七三年という時期が、フーコーにとって重要な「思想的転換」を画していたことを論じているからである。

4 「視線の権力」の分析へ

現在から振り返ってみると、フーコーの『マネの絵画』は、カトリーヌ・ペレが指摘するように、フーコーにとっての一つの転機に跨る言説であった。たしかにそこでは、絵画という、〈表象〉のいわば特権的領域に照準を合わせて、「近代性」の問題形成を確たるものにしようとする意図が窺える。と同時に、その『マネ論』が、結局は著作として完成を見なかったのは、単に問題形成とその言説作業の挫折だったと考えるべきなのだろうか。そこには、同じく「視線」に照準を合わせても、それを一つの「権力の政治学」へと接続しようとする〈系譜学者〉の新しい視覚、新しい視線の捉え方が介入していたように考えられるのだ。

すでに一九六三年に『臨床医学の誕生』で、「この書物では、空間と言語と死とが問題になる。視線が問題になるのだ」と告げられていた。しかし一九七七年に、ジェレミー・ベンサムの『パノプティコン（一望監視方式）』のフランス語初版を覆刻出版するに際して、フーコーがジャン゠ピエール・バルーとミシェル・ペレと行なった対談では、「権力の視線」と題されて、単に「視線」が問題になるのではなく、「権力」との関係で「視線」を問い直す作業が強調されている。この書物は、フーコー自身の新著『監獄の誕生』で触れたイギリスの建築家・啓蒙思想家ジェレミー・ベンサムが、フランス大革命の際に、革命政府に上申した「合理性的な監獄」についての思考を、その全容において示そうとするものであった。

フーコーは言う。十八世紀の中葉以来、集団の空間における「可視性」が、多くの人々の関心の的となっていった、と。それは、病院や監獄、学寮や軍隊といった、規律と監視を要請する集団に共通の課題であったし、啓蒙思想はそれを〈社会体〉の総体のレベルで思考しようとした。すでに一七五一年には、パリの陸軍学校の寄宿舎が、完全な可視性と隔絶性を併せ持った施設を実現しており——自慰や同性愛の悪癖から生徒達を守るためである——、ベンサムの兄はそれを視察に来ていた。フランス東北部、フランシュ゠コンテのアルケ゠スナンに、建築家のクロード゠ニコラ・ルドゥーが建てた王立製塩所（一七七五年起工、一七七九年作動開始）も、「一望監視方式」の発想の最も芸術的な成果であった。そこでは、南面した監督官の館を中心に、太陽の一巡をそのまま移した「半円形」の建物が展開し、監督官の館の両袖に製塩工場が設置されている。つまり監督官の館からは、施設のすべてを一望のもとに「見る＝監視する」ことができるのに対して、そこで働く者たちは、常に自分に割り当てられた場所からしか監督官の館を見ることができないのだ。

フーコーも指摘するように、ルドゥーによるアルケ＝スナンの王立製塩所は、単に「監視する権力の行使」だけではなく、「知の集約的な登録」の場でもあった。というのも、そもそも、この半円形のパノプティコンが発想されたのは、王室の独占であった製塩という産業を「効率的に行なう空間」であると同時に、その産物が監視の目を逃れて売られることを避けるための「徴税の機関」でもあった。その上で、同時に、職人たちに人間らしい生活の利便を提供する社会空間として、「理想都市」のヴィジョンをも併せ持っていたからである（磯崎新、篠山紀信『幻視の理想都市――ショーの製塩工場』六耀社、一九八〇年）。

「監視する視線」に話を戻すならば、フーコーは、十八世紀の啓蒙思想が、権力の行使において、「社会体」を隈なく見通すことのできる「装置」として、最も経済的かつ理念的なものとして発見したのが〈視線〉であったと説く。十八世紀の「イギリス趣味」が誇張した「闇の空間の恐怖イメージ」、それに正確に対をなすものとして、「光」によって隈なく照らされた空間が、文字通りに「啓蒙の＝光の」空間として幻想された。ベンサムの「一望監視方式」の完璧な「可視性」は、ルソーの幻想するユートピアと正確に同じ欲望に基づいているのだと。

フーコーが、ベンサムについて、「視線に与えた重要さによって古風ではあるが、一般に権力の技術というものに与えた重要さにおいては、極めて近代的であった」としているのは、以後のフーコーの思考を考える上で極めて示唆に富んでいる。『監獄の誕生』は、その原題『監視することと罰すること』が示すとおりに、十九世紀西洋世界における「規律と調教」の系譜学であり、犯罪者や倒錯者を単に社会体から切り離すといった否定的な「権力の技術」ではなく、監視され・調教される主体（sujet）の隷属（assujettissement）によって、そこから「権力としての知」を引き出そうとする、そうした「装置」に照準を定めた「生の政治学」の系譜学的分析へと向かうことになるからである。

『性の歴史I――知への意志』が見事に描いてみせたのは、そのような「欲望する人間」としての「主体の系譜学」に他ならない。それは西洋哲学がその主題としてきた「主体」というものを、まさにその歴史的・空間的出自へと送り返す作業であった。

フーコーの『マネの絵画』を、今読み返して思うのは、こうした思考の軌跡の上で、やはりそれは、ほとんど至福に近い「見る主体」の体験というもの、それへの言説的接近であって、繰り返すことは至難の態《わざ》でもあったのではないか。

初めに引いた一九七五年のインタビュー「哲学者たちは何を夢想しているのか」に読まれるフーコー自身の言葉は、それを暗示する以上に語っている。

今、フーコーを読むとは——解題に代えて

石田英敬＋渡辺守章

日本におけるフーコー受容

渡辺　『哲学の舞台』の旧版は一九七八年、フーコーが二度目に来日したときに、エピステーメー叢書で刊行したものです。その時点では、『性の歴史 *Histoire de la sexualité*』の抜粋を、私が『海』（一九七七年一月号）に訳して、それについて長い解説を書いたというのが、フーコーに関する一番新しい情報だったのではないかと思います。『性の歴史』は全六巻と予告されたシリーズだったし、期待も大きかった。第一巻にあたる『知への意志 *La Volonté de savoir*』（Gallimard, 1976; 渡辺守章訳、新潮社）の場合、特に西洋近代社会における知の生産・伝達の装置という観点からの権力の積極的なとらえ方が話題になり、同時に、そうした〈知への意志〉の内部で、セクシュアリテのとらえ直しが注目された。

ただ、私はその時点で『性の歴史』第一巻の翻訳を全部終えてはいませんでした。というか、日本の出版社としては六巻全部そろってから一斉に

刊行したいと言っていたことも関係しています。ところがそこに大断絶が起きる。ご承知のように、予定された六巻の構成は破棄されます。ちなみに、当初予告された第二巻以降のタイトルを掲げておけばこうなります。『肉体と身体』『少年十字軍』『女と母とヒステリー患者』『倒錯者たち』『人口と種族』がそれです。

その後、フーコーが一九八四年に亡くなる直前に、後続の二巻がフランスで刊行される。日本ではその校正刷りから翻訳して、第一巻『知への意志』、第二巻『快楽の活用 *L'Usage des plaisirs*』、第三巻『自己への配慮 *Le Souci de soi*』がほとんど同時に出た。一九八六年から翌年にかけてのことだったと記憶しています。

ですから、フーコーの大きな本で言うと『監獄の誕生』と訳された『監視することと罰すること *Surveiller et punir: Naissance de la prison*』(Gallimard, 1975)の紹介が、遅れたというよりは、それが出るより前に『性の歴史』の第一巻のさわりを論じてしまったものですから、『監獄の誕生』という非常に重要な本がかすんでしまったきらいがある(新潮社からの刊行は一九七七年)。一九九四年には『言われたこと、書かれたこと *Dits et Ecrits: 1954-1988*』という、代表的な著作以外の、雑誌発表論文や原稿、インタビュー等のテクストを網羅した四冊本が出ることになって、それを機に東京大学でシンポジウムを開催しました。

このシンポジウムには、フーコーの遺稿の整理をしていたダニエル・ドゥフェール――彼はフーコーの生涯の友であり、事実上の遺産相続人ですが――とフランソワ・エヴァルトが参加してくれましたし、はじめてアメリカやイギリスのフーコー研究者も参加した。ハイデッガーの最後の弟子だったという女性も来たりして、充実したシンポジウムでしたね。その報告は『ミシェル・フーコーの世紀』(蓮實重彦、渡辺守章編、筑摩書房、一九九三）にまとめました。私がフーコーの言説に直接あるいは間接につきあったのはそのあたりまでですから、すでに一〇年以上経っています。

日本語の『フーコー思考集成』には監修として携りましたが、訳稿を全部見ているわけではありません。たまたま二年前に没後二〇年を記念した「フランス・キュルチュール」というラジオのインタビューがあって、石田さんにお世話になって、スタジオ参加なるものに出演したのです。それがきっかけでマネ論（「見ること、身体――フーコーの『マネ論』をめぐって」『InterCommunication』二〇〇五年冬号、本書所収）を書いたのでした。フーコーに少し回帰したという感じです。

ラジオ番組の一ヶ月前、石田さんは『ル・モンド』のフィリップ・ポンスのインタビューに答えている。石田さんが指摘されたことは正しいと思いますね。私も同様にラジオで強調したのは、日本では最初にフーコーに興味を持った人は、狭い意味での哲学の領分の人ではなくて、むしろ文学研究をしている人が多かったこと。そこから、フーコーの文章、あるいは言説の魅力ということに敏感な人たちが多かった。これは、いわゆる現代思想を日本で紹介するときのケースを考えるとかなり特別なことだと話しました。それから、関心の焦点は、『言葉と物』における表象の歴史の問題形成から、表象装置のそれに移り、装置はどう権力と結びつくかということにフーコーが関心を寄せていったということ、さらに、現在ではその中からフーコーの権力論――アメリカ経由のフーコー、その中にはジェンダー論も寄り添っている――がもてはやされている、ということを言ったわけです。

純粋に哲学の問題や、あるいは単なる現代思想のそれとしてもてはやされたというよりも、日本におけるフーコー受容には、文学的な、あるいは芸術的なバイアスが随分かかっていたということは、記憶としては言っておいていいでしょう。蓮實重彦氏は、一九七七年にパリで行なったインタビューで、「『文学』のあるべき姿だ」と言い切っていますし。

私自身も反省していることですが、そのためにフーコーの言説の本当に哲学的な部分、あるいは哲学的なベクトルというのがどうもなおざりにされてきたきらいがあるのではないか。例えば、『マネ論』(*La Peinture de Manet, Seuil*, 2004)を読んでいても(邦訳は『マネの絵画』阿部崇訳、筑摩書房、二〇〇六年)、当然晩年のメルロ＝ポンティの二つの著作(『見えるものと見えないもの』『世界の散文』)というものを、フーコーは念頭に置いていたはずですが、これは日本の現代思想の不思議な制度的棲み分けによって、フーコーを語る人はメルロ＝ポンティを語らない、あるいはその逆もあって、言説と言説の響きあいが見落とされているのではないか。フーコーにとって非常に重要な哲学者であったハイデッガーについても同じことが言えるでしょう。そもそもハイデッガーの翻訳は日本語で読んでもよくわからないし、フランス語で読んでもよくわからないと言います。そういう断絶の文脈ではフーコーがハイデッガーからなにをどう捕まえたかが、なかなか言いにくいのですね。

その点、哲学的な知見を背景にしてフーコーを論じるということで言えば、最近刊行された神崎繁『フーコー——他のように考え、そして生きるために』(NHK出版、二〇〇六年)は比較的評価できます。ただ、これは私の偏見かもしれないのですが、概して日本の西洋哲学研究は、ある哲学者の祖述に終わっている。そうでなければ哲学史をやるのであって、哲学者の思考を自分の思考として引き受けることにならない。ニーチェはちょっと特殊だから、比較的応用編がたくさんありますが、カントではそうはいかないし、ヘーゲルでもむずかしい。あるいはデカルトもそうなのではないか。古代哲学にいたっては言うまでもない。例えば、ベルナール・スティグレールと話していると、「悲劇時代のギリシアでは」などと言うわけですが、彼の頭の中にあるのはプラトン以前、ソクラテス前派ということでしょう。日本人にピンとくるものでしょうか。プラトンだってあやしいものだし、ストア派と言われてもどれほど読んでいるか。特にローマは全然わかりませんね。

フーコーの語り口、フーコーの声

渡辺　そこがフーコーの偉いところであり、魅力でもあり恐ろしくもあるところですが、彼はなにも哲学が嫌になって心理学に興味を持ったのではない。西洋哲学の最も重要な思考はきちんと自分のものにしていた。新たな課題にぶつかるたびに西洋哲学の古典に立ち返って、それを現代の思考にふさわしく取り返すという作業をしていますね。晩年は特にそれが顕著になるのではないかと思います。だから、コレージュ・ド・フランスの講義録、たとえば『異常者たち』『精神医学』のようなものでも、やはりカッコつきではありますが、哲学的な言説が非常に濃厚になっていっている。

そこは私にはどうにも手がつけかねるから石田先生にやっていただくしかないのですが、にもかかわらずフーコーは、プラトン以降のギリシア、ローマの或る哲学の流れを、単に再検討したのではないわけで、フーコーに固有の語り口がある。これが最初に言った文学的ということと関係します。フーコーの語り口、とりわけ「舞台」「劇場」「演劇」などの比喩が出てくる言説の結節点に注目したいのはそのためです。すでに旧版『哲学の舞台』でも言っておきましたが、舞台や演劇の比喩を使うときにかなり注意して使わないと、特に現代の日本では非常につまらないことになる。それは「視線」や「まなざし」も同様です。純然たる哲学的コンセプトをきちっとおさえながらある系譜をたどっていく。しかもその上でそのディスクールに、比喩的に「文学的な」と言ったらいいか、そういうディスクールを接続するのは、かなりの芸が要るのですね。フーコーはそれができた。だからこそフーコーの語り口が問題になる。石田さんにしても私にしてもフーコーが直接語るのを聴いている世代として、何か言っておくことはあるのではないでしょうか。

つまり、俗に言う「構造主義四天王」の中で、レヴィ＝ストロースの文体については、私は昔、豊崎光一との対談で「あれはほとんどシャトーブリアンのようなものではないか」と言ったことがあります。ラカン博士の名高い「マラルメもどき」というのは、音声化したほうがよくわかるのでしょうが、あれなどは言説の華麗なアクロバットであり、まさに芸ですね。それから、バルトは元来含羞の人で、しかもその含羞の中で突然過激で挑発的なことをぱっと言ってしまう。だから文章から感じられる挑発とバルトの語り口の調子のずれに、そのダンディズムがあるのかもしれない。あの人は結核をわずらった期間が長いから、当然に息が強くない。それに対してフーコーの話をその場で聴くと、フランス語で「ディスクール」というものはこういうものだ、「語」でも「フレーズ」でも「文」でもなくて、「ディスクール」というものだと納得されるわけです。

実際に、対談の場でも、世間話の途中で、いざ対談を始めると、フーコーのディスクールはばーっと出てくる。もうすごい勢いです。あてずっぽうに饒舌というものではなく、さりとて前もって考えておいたことを思い出して言っているのでもない。喋っていることと考えていることがそのまま手をとりあって進んで行く。ああいうすごい言葉の迫力というのは、余り他の人では感じたことがない。断絶や飛躍があったり、突然笑い飛ばしたりするということはあるにしてもです。あのディスクールは非常に演劇的だと、私は思ってきました。ただし、相手の反応を見ながら喋っているのとはちょっと違うような気がするのですね。コレージュ・ド・フランスの講義にしても、原稿を読み上げはしないけれど、とにかくそのまま活字にして文章になるようなことが言えるというのは、必ずしも相手の反応を見て、というのとは違う。むしろ相手の反応を先取りしているのかもしれない。

そうすると、フーコーにおける「語る人」と「聴く人」とか、あるいは「見ているもの」と「見られているもの」の関係というのは、比喩的に語るだけではすまないものがある。もう少し複雑なのではないか。その意味で「古典主義の最後のディノザウルス」というボードリヤールの厭味な評価は、私はポジティヴな意味で使いたいし、それは晩年のフーコーにも通用するでしょう。フーコー自身は――これはフーコーと私の共通の友人、モーリス・パンゲが言っていたことですが――、「『言葉と物』はうまく書けすぎた」と自己批判していたらしい。『監視することと罰すること〈監獄の誕生〉』などは、できるだけうまく書かないようにという配慮があったのかもしれない。それでも、冒頭のダミアンの八つ裂きの刑のドラマトゥルギーというか、仕掛けのもっていき方は、やはり他に例を見ないほどうまい。どの著作を読んでも感銘を与えられる――センチメンタルな感銘ではなくて、ある思考をこちらが一緒に体験することで生じる感動を与えられる。フーコーを論じる以上は、フーコーのディスクールを分析しないといけないのではないかと思うのです。

晩年の思想――フーコーのコーパスとその変化

石田　渡辺先生のお話を受けて、フーコーのコーパス〔資料体 corpus〕についてお話ししてみようと思います。フーコーは一九八四年の六月二五日に亡くなります。それから二〇年以上が経過して、その死がどんなふうにフーコーを変えてきたかが問題です。もちろん死によって新しい著作が書かれなくなるということが起こります。それが一つ。さらに、先ほども『思考集成』の話がありましたが、一九八四年の六月二五日を境にして、書かれたもの（コーパス）自体が非常に大きく変化してきた。フーコーほどコーパスが位相を変えた人も珍しいのではないかと思います。

　これには専門家が承知している事情があって、フーコーの遺言に起因します。一九八二年に当時のポーランドの反体制運動の支援のために出かけていきますが、そのときに事故に備えて遺言を書き残したのです。その遺言は三箇条からなっていると伝えられていて、三つ目は生涯の伴侶といいますか、一緒に住んでいたダニエル・ドゥフェール氏の財産のことです。それ以外は、まず「不具よりは死を」と書いてある。もう一つは「死後出版は認めず」と（ダニエル・ドゥフェールによる「年譜、石田英敬訳、『フーコー思考集成Ⅰ』、筑摩書房、一九九八、七六ページ、ならびに、同巻所収の石田英敬「編者解説」を参照）。

　これが死後のコーパスを決定してきた大きな要因です。この遺言によって、未刊行の草稿が刊行される可能性をとりあえずは失うことになった。ただ、遺言が解釈し直されて、当初はコレージュ・ド・フランスの講義も出ないと言われていましたが、それが刊行されるようになった。渡辺先生が論文をお書きになった『マネ論』も、録音を起こしたものが活字になって広まったのでした。

これはどんな伝記にも書いてあることですけれど、フーコーが死ぬ直前にドゥフェールに対して「〔カフカの遺稿を編纂した〕マックス・ブロートのようなことはするな」と念を押したので、当初は厳格に解釈されたのです。

渡辺先生が訳された『知への意志』に続く、『性の歴史』の第二巻と第三巻、これは一九八四年の五月ですから、フーコーの死の直前に刊行されます。そして第二巻、第三巻の中に、付報のようなものがはさまれている。そこに第一巻が『知への意志』二二四ページ、第二巻が『快楽の活用』二九六ページ、第三巻が『自己への配慮』二八八ページ、第四巻が『肉の告白』と書かれていた。ここで予告されていた『肉の告白 *Les Aveux de la chair*』は、「キリスト教初期の数世紀における肉の経験と、そこにおいて欲望の解釈の解読が果たす役割を扱うものだ」とされているわけです。これは、ほとんど完成した状態で草稿が残っている。私は読んでいませんが、読んだ人は何人もいます。

それから、この『性の歴史』の執筆の順序ですが、第一巻の『知への意志』に続いて、第四巻に当たる『肉の告白』が最初に書き出されたことがわかっているのですね。第一巻と第二巻、第三巻、第四巻がどのような関係にあるのかということは興味が尽きない問題です。パリの国立図書館で調査した人の話では、『性の歴史』の序文、あるいはその他のテクストにはいくつもヴァージョンがあるらしい。八つも九つも序文を書き換えている。時間がかかっているわけですから、第二巻に収録されている序文は何回も書き換えられたあとのものだということはわかる。まだ刊行されていないものが他にもあって、しかもかなり量的には大きなものであることがわかっています。

『性の歴史』の生成過程を考えるとして、我々が見ている一、二、三という巻は、ある種の氷山の一角であって、そのあいだにいろいろなヴァージョンがあり、ごく一部が見えている、そんな状態であるらしい。これも興味の尽きない問題ですね。

その類いの話としては、これは具体的に私が読んだものですが、一九六九年の『知の考古学』のプレオリジナルが存在しています。非常に重要な未刊行草稿として存在していて、ダニエル・ドゥフェールが国立図書館に贈与したもので、三三五ページにのぼる、裏表にわたるほとんど浄書状態の完全原稿が残されています。これが、刊行された『知の考古学』とはかなり中味が違っているのです。草稿に書かれていないことが刊本にあったり、草稿からばっさり削除されて現在の『知の考古学』が刊行されたこともわかっている。また、ソルボンヌの図書館にフーコーの副論文「カントの『人間学』の生成と構造」という原稿がありますが、これはタイプ原稿です。こんなふうにまだ出てきてないものがあるのです。

それから、もう一つは刊行されてはいたけれども、しかしいろいろなところに散在して、一つの書物として網羅的に読むことができなかったテクストがあった。それが集められて、『言われたものと書かれたもの』となり、フランスでは四巻の集成になったわけですね。このこともフーコーのコーパス、あるいはその存在の仕方を変えてきた。これによって、フーコーの生前には見えなかったフーコーが、死後あらわれるということも起こってきた。

そうすると、現在残されているものとして、フーコーが語ったことと書いたことの総体を大別すると、一つは生前から単行本として刊行されていた著作群がある。二つ目は、生前単行本以外の形で流布されたテクストの総体。それから、三つ目は生前印刷物としては刊行されなかったもの。この代表的なものはコレージュ・ド・フランスの講義録です。四つ目は先ほど少し触れた手稿やタイプ原稿などの未刊行資料。以上、四つに分類できる。講義はフランスでも刊行が始まっていますし、日本でも邦訳の刊行が始まっているわけですが、一九九七年から一年に一巻ずつぐらいのペースで刊行されています。ドゥフェールによれば、中には録音が全部揃っていない年度もあるようです。

『性の歴史』の第四巻など、生前未刊行のものは依然として刊行できない状態なのですが、二〇年を経てやはり少しずつ変化が訪れていて、死後の遺言がいわば拡大解釈（あるいは縮小解釈）されてきている。publication（出版）という語義を拡大解釈することによって、先に述べた講義などはすでにパブリッシュされたものだと解釈されることになった。

今後は直接の当事者の手を離れて、拡大解釈がますます進んでいくでしょう。いま言われ始めていることでもありますが、エディシオン・クリティック、つまり校訂版のような形で、『知の考古学』『性の歴史』など既に資料が揃っているものを明るみに出そうという操作《オペレーション》になるはずです。フーコーのエノンセ（énoncé）のあり方が死後大きく変化するわけで、それらがフーコーの死後の受容のされ方を決めてきているという気がしています。

« bio-pouvoir »（生－権力）、あるいは« bio-politique »（生－政治）、さらには統治性と訳されている« gouvernementalité »など、直接書物という形にはならなかったけれども、網羅的に通読するとかなり力線として浮かび上がってくるテーマ系があって、それが一九八〇年代以降のフーコーの一つの問いを形づくってきています。これも生前にはなかったことです。

それから、『社会防衛論』（*"Il faut défendre la société": Cours au Collège de France 1975-1976*, Gallimard/Seuil, 1997）に出てくる主権の問題や、あるいは『性の歴史』

と切り離せない「自己の技法」、倫理やエートスの問題もあります。これらの問題が、フーコーにとって中心的なテーマであることは言うまでもありません。コーパスの変動でそういう力線がきわだってきただけでなく、その後の世界の動きと連関し、特にビオ＝ポリティークや主権は二十世紀末の世界において鋭く問い直されたのでした。

渡辺　よくまとめていただいたので、付け加えることはないのですが、『性の歴史』は死ぬ直前に三冊目まで出るわけですね。四冊目も予告しているのに、死んだから出ない。『性の歴史』の一巻目から二、三巻までの空白の八年間は、当時もっとも議論されたことの一つでしょう。というのは、一巻目で計画を明瞭に打ち出して、予告していた。続刊として印刷されてもいました。一九七八年の来日時の主題論的は柱は、「牧人＝司祭型権力」の話（「政治の分析哲学」、本書所収）で、当然『肉の告白』の中心をなすはずの権力の摑まえ方であり、「主体の成立」の問題形成、「欲望の人間の系譜学」ということになっていた。これらの部分は恐らくほとんど書き終えていたのだと思います。しかし、第一巻で予告しながら「少年十字軍」のように落ちてしまったものがあるでしょう。特に同性愛の話は、そのあいだにドーヴァーの決定的な論文が出てしまったために、予定されていた『性の歴史』のプログラムから排除されることになった。

この頃パリで会った時に、「いま自分は何をやっていると思う？　ローマのストア派の本を読んでいるんだ」と言ってましたが、『自己への配慮』を指していたのです。『性の歴史』第一巻が世界的に余りにも評判になりすぎてしまったために、第二巻と第三巻は余り論じられないうらみがある。しかし、この二巻がフーコーにとってきわめて重要だったことは、先ほど述べた哲学的な思考の系譜を辿り直してみるとわかるでしょう。そのうえで第四巻の『肉の告白』があると話は一応完成する。それと平行して当然、コレージュ・ド・フランスの講義録があるので、『性の歴史』三巻で書かれたことだけが、晩年のフーコーの思考の総体ではないということも重要です。

さらに『性の歴史』第一巻について言うと、フーコーがいかがわしいと思う人はそういうところが嫌だと言うのだろうけれど、面白く書けすぎているんですね。『言葉と物』の最後の有名な文章だけが一人歩きしたのと同じように、「性の科学」ではなくて「エロスの技術」だとか「芸術（アルス・エロチカ）である、と言ってしまったりする。それと、これはどういうふうに話をすべきかむずかしいが、当時私が訳したり解説を書いていて印象的だったのは、「欲望」の話ではなくて、「快楽」の話なのです。欲望というところからだけ見るのでなく、快楽から見れば全然違うことが見えるはずだ、という発想は、まさにバルトが同じ頃に言い出していた（『彼自身によるバルト』）。もっとも、バルトは端的に「ヘドニズム（快楽主義）hédonisme」と言ってしまいますが。彼らが申し合わせたように、そう言い出すというのは、非常に印象的でした。

しかしバルトは八〇年に亡くなるし、フーコーは彼自身の経験領域で言うと、増田一夫君が訳した『同性愛と生存の美学』（哲学書房、一九八七年）のもとになったフランスの同性愛情報誌『ゲ・ピエ *Gai Pied*』のインタビューで率直に語られているように、フーコーの生活の中にゲイであったという要素は非常に大きかったのでしょう。彼がゲイ・リベレーションを闘ったということではありません。運動としての関心は監獄の解放でしたから。フーコーは「いわゆるカミング・アウトの儀式は嫌いだ」と繰り返していました。それは、自分の同性愛の個人史を語ることで、同性愛の秘密結社に入れてもらうという発想の拒否なので、精神分析に距離を取り出すのと平行しています。だから、解放運動にフーコーを使おうとするとどこかで齟齬を来すような気がしています。

フーコーは政治的な闘争に参加するタイプの人間でしたが、その際に、自分自身からも外からも「こういうものだ」というふうに決め付けられるのを非常に嫌った。だから、「自己」についてあれだけこだわり、sujet / assujettissement〔主体／従属〕を論じたのも、固定しない、開かれた自己のようなものを立てておきたかったのだと思う。言説化するのはすごく難しいし、実践するのも困難ではあったでしょうが。だから、フーコーの言説以外の実践を持ち出して、「フーコーはこういう人でした」と言われるのをフーコーは嫌ったでしょうし、人間関係を網羅したところでわかるはずもないが、さりとてある種の作家のように「私の全ては書いたものにある」というのでもありませんね。やはりジュネと行動をともにしたことは非常に重要なことですから。「フーコー」という名前で呼ばれている存在を、どのレヴェルで設定するかというのは、フーコーを論じるときの大きな問題です。サルトル以後の知識人の定位というかステータスとして、フーコーが引き受けざるを得なかった位置は、これはこれで分析に値します。

石田　戦後フランスの大きな断絶の日付として一九六八年があります。フーコーやドゥルーズやアルチュセールがしていた仕事と六八年が響きあっていたのは間違いない。フーコーにはとりわけ顕著だと思います。

もう一つ、一九八〇年ごろに断絶があって、思想家と文学者が連動したターニングポイントだと思うのですが、ポストモダン的な展開と重なる。フーコーの絢爛たるエクリチュールが『性の歴史』の第二、三巻のような、ある種きわめてシンプルなエクリチュールに変化する。デリダも同様で、非常に難解な言葉遊びでできていた『弔鐘

Glas』のような著作は少なくなって、次第に講演が多くなる。ロラン・バルトの晩年もそうでしょう。作家に目を転じても、ソレルスのように実験的なアヴァンギャルドが急に通俗小説を書き始めるのもだいたいこのころです。

エクリチュールをめぐる共有・前提が崩れる。書くことの超自我が外れる。その結果、非常に圧縮された文体とかレトリカルな文体を駆使していた人たちの書き方が変わった。これはポストモダン的な展開だと思うのですね。フーコーの場合、それが特に顕著にあらわれているのは、フーコーの主要著作が近代の縁《へり》を扱っているということが関係している。『性の歴史』では、第二巻、第三巻がこの規準から大きくずれるのです。

フーコーにはきわめて論争的なところがある。フーコーのディスクールの醍醐味の一つは、従来歴史的ではないと思われていた、ジェネラル・セオリーの歴史性を俎上に載せるということがあります。つまり、歴史的アプリオリを露呈させるという戦略があるわけですね。そのアプリオリこそ、近代のあり方を決定してきた、知のあり方を決定してきた、学のあり方を決定してきた。そういう設定があるのです。『狂気の歴史』から始まっていて、精神医学が念頭に置かれています。あの『言葉と物』にしても——『思考集成』のダニエル・ドゥフェールの年譜に出ていますが——、よく読んでみると、同時代のさまざまな理論を歴史化しようという書かれ方をしています。フーコー自身は、一九六三年頃に「記号についての書物」と呼んでいた。そこには、記号論のような当時流行っていた構造主義の前提自体を、歴史的に相対化してしまおうという意図が込められているのです。

先ほど渡辺先生がメルロ＝ポンティに触れておられましたが、『言葉と物』の最初の章は「世界の散文」と名付けられている。なぜ「世界の散文」なのだろうと前から思っていたのですが、メルロ゠ポンティが問題にしているような身体性、あるいは世界の肉の構造と言いますか、それがルネッサンスの時代になら適合すると考えたのではないか。いわば歴史化しようとした、そういうところが見える。当時交流のあったロラン・バルトを念頭に、「記号論というのはクラシックである。古典主義時代の知にすぎない」というふうに、最先鋭の知的な潮流をむしろ歴史の中に書き込んでいって相対化してしまおう、そういう側面を非常に強く持っている理論作業だと思います。

渡辺　それはおっしゃるとおりですね。特にメルロ゠ポンティの「世界の散文」に対するフーコーの選択はそうです。

石田　『性の歴史』も同じ志向を持った作業のはずでした。ところが第一巻『知への意志』が出て、精神分析家たちがたいへん防御的な姿勢を取った。自分たちが攻撃されていると思ったわけです。精神分析家たちの警戒を招いた。フロイト主義を相対化するというヴェクトルが非常に強い。しかもそれが近代の性《セクシュアリテ》の問題というものの起源を明らかにしようというフーコー的な企て、つまりすでにその頃よく知られていたテーマ性を持ったものとして企画されていた。このように振返ると、先ほど申し上げた八〇年の断絶——さしあたり「ポストモダン」と言ったのでしたが——、「近代を問う」という作業が一段落する、近代だけを暴く問いの形が、ある種の飽和を迎えたのが一九八〇年頃だったのだと思います。それに終始するのではない、別の問いの立て方に注意が向けられはじめたのではないでしょうか。

渡辺　ポストモダン論争に含まれるかどうか分かりませんが、やはりヌーボー・フィロゾーフ——当時日本では「新哲学派」と称された——のはしゃぎ様もあったのではないですか。一九七六年はワーグナーのバイロイト百年祭です。五年にわたってシェロー＝ブーレーズの『指輪』が、ヨーロッパの知を大きく揺るがしたのです。そういう文脈で、グリュックスマンの『思想の首領たち *Les maîtres penseurs*』（Grasset, 1977 西永良成訳、中央公論社、一九八〇年）の表紙は、バイロイト百年祭の『神々の黄昏』の主要人物であるハーゲンが、港湾労働者風の「群集」の前に立ちはだかる姿でした。あれは一年目のハーゲンで、リーダーブッシュが演じていますが、本の表題がワーグナーの『ニュールンベルクのマイスタージンガー』のもじりですし、ヌーボー・フィロゾーフが、バイロイトで大きな成功を収めた、当時まだ三十代前半だった演出家のパトリス・シェローを使ってアピールしようとする雰囲気はあった。「啓蒙思想」とその落とし子のドイツ観念論が、十九世紀から二十世紀にかけての「近代」の帝国主義的植民地支配の源泉であるといった、特にフランスでは神話破壊的な効果の大きい言説を振りまく。「哲学の舞台」の対談でも語られているように、フーコー自身もブーレーズの友情もあって観に行って感動している。しかし、グリュックスマンのような使い方はしない。あえてそういうのではない使い方をしようと思うんでしょう。私がヌーヴォー・フィロゾーフに惹かれなかったのは、今の石田言説を援用すれば、すでにフーコーが「歴史化」しようとしたアーカイヴと命題にそのまま乗って、アクチュアリティを作っている印象を受けたからです。

付言すれば、『性の歴史』がアンチ精神分析であることは確かです。というより、精神分析というものがカトリックの告解を前提しなければわからないだろうということは、我々ですらも理解できていた。ところがフランスの思想家たちはなかなかそれを明言しない。ラカンの『エクリ』が出たときに、私が知っているカトリックの神父さんは、すごくおもしろがりましたし、カトリックの神父で精神分析家もいます。

石田　ミシェル・ド・セルトーもそうです。

渡辺　そもそもラカンにおけるカトリック教会への照合は、もっと注目すべきことで、クローデルについて最も刺戟的なことを語っているのも、ラカン博士でしたからね。言ってみれば、日本でははなはだ摑まえにくいけれど、『知への意志』が、フランスでは当然合流すべき二つの流れ（カトリックと精神分析）を明示的に示したわけです。

フーコーの使い方

石田　余り単純化するのはよくありませんが、『性の歴史』に窺えるフーコーの展開を念頭に置くと、こんなふうにも考えられないでしょうか。先ほど渡辺先生のご指摘にもあったように、フーコー自身はゲイの運動に距離を取っていた、それに対して監獄監視運動へのコミットメントが非常に強かった〔GIP（監獄に関する情報グループ）やADDD（囚人の権利擁護協会）〕――そうすると、フーコーの拠って立つ位置が、かなり複雑なものに見えてくる。『監視と処罰〔監獄の誕生〕』の権力論を考えてみると、構成としてはむしろミクロ権力論、いたるところにある権力、あるいは権力の分散化、ドゥルーズ的に言えば多様性、そういったことを論じていますね。他方、フーコーが対象とした現実の権力は監獄であったり学校であったり工場であったり、むしろ近代的な枠組みを作り出した規律《ディシプリン》型の権力です。この乖離を理解するには、こう考えてみてはどうでしょうか。フーコーの論理は近代をはみ出し、超え出ている。つまり、権力論は近代を対象化しているのです。フーコーは時代から一歩踏み出し、以前あったもの、過去の制度を対象化するというポジションを必ず作る。

それに対して、『ゲ・ピエ』のような、特にカリフォルニアにフーコーの議論が渡ったときに起こったことは、むしろマイノリティや性的同一性の問題を、ポストモダン的に、あるいは、自己への配慮、自己への技術・技法という文脈で理論化していく、その道具として使われたのだと思います。ジェンダーに関しても同様で、つまり、これらは非常にポストモダン的なフーコーの使用法です。マイノリティのストーリー、あるいは、カルチュラル・スタディーズにおけるフーコーの援用から、ある種の通俗化が起こってきた。フーコー自身の議論は、むしろそうした問題とは別のものを対象にして作りだされた理論だったのに。この矛盾は非常に面白いし注目すべきことではないでしょうか。『性の歴史』第二巻、第三巻のギリシアにまで遡る系譜学《ジェネアロジー》の問いが通俗的に受け止められ、フーコーのポストモダン的通俗化の素地にもなった。権力の問題が統治の問題に書き換えられていくのも同じ。「癒し」的で、アメリカ化されたフーコー消費が一九八〇年以降に出てくるわけです。それに、ヨーロッパの政治権力の成立とアメリカのそれが、ずいぶん違うということも関係があるでしょう。

渡辺　現在を構成するもっとも基底的なもの、先ほどそれを石田さんは「近代の縁《へり》」と言ったのでしたが、そこに視点を置いて、近代を一種の歴史的なテクストに書き換え、読み直すということですね。哲学者ではない私などがフーコーを読んで面白いと思うのは、「十九世紀学」というおもむきが強いからです。「十九世紀学」などと言ったのも、「人文諸科学のアルケオロジー」という、かなり皮肉かつ嫌味なタイトルが示しているとおり、一九六〇年代初頭、文学でも言語でも、まだそういう摑まえ方はなかった。マルクス主義と精神分析と民族学を、「人文諸科学」と読み直してしまう。それが、十九世紀をうまく語ってくれることになる。十九世紀と二十世紀は関係ないということではありません。二十世紀の半ばまで同じ制度が続いたわけだから。

コーパスの変容
──『知の考古学』プレオリジナル・テクスト

渡辺　十九世紀の話に関連してもう少し詳しく、フーコーのコーパスの問題に触れておかなければいけないでしょう。『フーコー思考集成』も一応フーコーが目を通したものという規準を立てているけれど、実際に目を通したというよりは、友情や信頼関係で活字化を認めていたものは多いと思います。恐らく遺言の文言もあるでしょうが、遺産相続人にしてみれば、フーコーはあれだけメディアに出たので、語り手であるフーコー自身の意に反したことも活字になることがありうる。それはまずいと思ったのでしょうね。それまではサルトルやカミュという人がいたにしても、あれほど活字メディアに登場するようになるのは、やはり構造主義の人たちからですね。

石田　マルチメディア化している。

渡辺　テレビだと「露出度」などという下品な言葉を使いますが、レジス・ドゥブレ的に言えば、まずは活字文化圏が、突然アカデミーというか学問の世界を侵蝕してしまった。昔だったら雑誌や新聞に縁のない人まで登場するようになったのはその余波でした。いわんや「構造主義四天王」は盛んに登場しました。それに対する周囲の人たちの慮りがあることはわからなくはない。

とはいえ、『知のアルケオロジー』のプレオリジナルや『肉の告白』の完成原稿は、恐らくなんらかの形で出るでしょう。やはりそれは出てくれないと困る。仮に『性の歴史』が一巻、四巻、二巻、三巻という順で書かれていたとすると、断絶の所以もわからなくなってしまいます。第一巻以降、しばらく途絶していたあいだの発言から推し測るよりは、完成稿が読まれたほうがいい。当時サルトルが言ったことですが、構造主義は「ブルジョア・イデオロギーの最後の砦」とされていて、要するに構造主義は「歴史を否定する」と言われていた。だからこそ、フーコーは一九七〇年に来日したときに最も強調したことの一つは、「自分は歴史家だ」という点でした。書き方にしても調べ方にしても、確かにアルシーヴを読むという意味で歴史家です。それも単に古文書を解読するのではなくて、資料を読み解いていってコーパス、彼が言うところの「単数のアルシーヴ」——archive は、フランス語では通常複数形でしか使わない——を作るわけだから、厳密な意味でも歴史家の作業だと言ってよい。

そこでやはり、『知の考古学』のプレオリジナルの話を伺いたい。

石田　『知の考古学』のプレオリジナルは——幸い、私がフーコーの次に読んだのですが——それは凄いものです。

まず、刊行された『知の考古学』よりも規模が大きい。さらに、一九六〇年の半ばくらいに書いています。一九六三年から六七年のあいだ。『言葉と物』が刊行される六六年よりは前に書き始められたとドゥフェールは言っていますね。あの頃の一〇年というのは、フーコー死後の二〇年に比べると意味が違っていて、何十年分にも当たるような非常に大きな変動があった期間ですね。一九六六年の『言葉と物』、一九六九年の『知の考古学』、この刊行の日付だけをとっても、あるいは後者が書かれた三年間だけを見ても、基礎になっている理論が大きく変化した。特に言語学や人文科学が前提としている理論や読み方や基本文献もまるで違います。『知の考古学』プレオリジナルはそういうことを極めて集中的に考え、かつ、反映しているテクストなのです。『言葉と物』の中にはいくつかの例外を除いてイギリスの分析哲学は出てこない。ところが『知の考古学』には出てくる。「カリフォルニアは黄金の山」、「フランス国王は禿である」のような分析哲学が使う例を出している。

その頃フーコーはチュニジアに行っていたのですが、フーコーがイギリスの分析哲学を集中的に読むのは、この時期ですね。ジェラール・デルダルというフランスでは数少ない分析哲学専門家の蔵書がチュニジアにあって、それを使うことができた。そこでウィトゲンシュタインやオースティン、あるいは『知の考古学』と同じ一九六九年に刊行されたジョン・サールの『言語行為 *Speech Acts*』など、集中的にイギリスの分析哲学を念頭に置いて考えている。そのかかわりのなかで言説とかイギリス学派の命題理論とかスピーチアクトと、自分の理論がどう違うか、厳密に問い詰めているのです。

渡辺　そのデルダルという哲学者は、実はパンゲの後で東京日仏学院の院長をしていたことがあるのです。自分でフーコーの親友だと言っていたし、その著作では『知の考古学』を最も高く評価すると、日仏学院の当時の院長室のベランダで話したことまで鮮明に覚えています。しかし無知は恐ろしいもので、今のようなつっこんだ話はしなかった。残念です。

石田　フーコーは――これはドゥフェールから聞いたのですが――一冊の本を書くときにいくつものヴァージョンを作る。最初に何も見ないで、自分が「こうだ」と思うものを二、三週間でスラスラと書く。そういう書き方をするらしい。

たしかに私が読んだ『知の考古学』もそういうものの一つで、ほとんど淀みなく書けている。また、「先週書いたのはこういうことだった」と日付入りで書いてあります。そのおかげで、そこまで書き進めるのに何日かかったとわかるし、総体が二週間で書かれたことが分かるのです。

ドゥフェールによると、フーコーは書き上げてから、徹底的に自分で批判しながら改稿していく。それも数回の改稿を経る。いくつもヴァージョンを作って、最終的に「これだ」という段階になったときに刊行する。そういう本の作り方をしていた。

『知の考古学』のプレオリジナルに関しては、まずこれは言説の理論、言表の理論を自分自身で練り上げていきます。『言葉と物』の中に「ディスクール」という言葉が出てきますが、多くの場合《Discours》と、大文字で書かれている。あれは固有名詞みたいなもので、古典主義時代におけるディスクールという概念を指します。いわゆる言語科学におけるディスクールという概念ではありません。ところが『知の考古学』は一般理論として言説の理論を考えている。あるいは、『知の考古学』は、「いままでの書物についての書物だ」と言っている。「方法叙説」のように書かれたある種のメタ書物。「私は四〇歳になったので、そろそろ自分の人生の中点に立っている」と書き出されている。「いままでの自分の著作を捉え返すには十分に成熟しているものの、まだまだやることがある」。自分のそれまでを総括しようとしているのです。とりわけ方法をまとめようとするきわめて明確な目的で書かれたわけです。

エノンセ-エヴェヌマン／
エノンセ-ショーズ

石田　ここで一つ重要なことがあります。「エノンセ」《énoncé》の定義が問題になっているのですが、「エノンセ・エヴェヌマン」《énoncé-événement》と「エノンセ・ショーズ」《énoncé-chose》という一対の概念がある。エノンセが「言表-出来事」と「言表-モノ」という二枚組みになっている。しかし、著作として刊行したときには、「エノンス・ショーズ」の部分を全部ばっさり切ったのですね。そのせいでプレオリジナルよりも量が減っている。なぜそうしたのかについては様々な推測がありますが、当時は言語理論というか言説の理論を練り上げるときに、構造主義からどれだけ遠くに行くけるかという認識論的な賭けがあって、どれだけ言説の内在理論を作るのかを考えているのです。だから、おもにエヴェヌマン（出来事）とは言語活動にとってなんであるのか。そこで言表を把握しようとした。

したがって、モノとしての言表、つまり、どんなふうに保存されるか、どんなふうに社会的に所有されるか、どんなふうに保存が制度化されるか、どういう技術で伝播していくか——いまで言うとメディアの問題です——、これらは全部モノの理論。この物質に関わるところは内在主義から見れば夾雑物なので、切ってしまったのです。

そういうものとして『知の考古学』が刊行されるのですが、その後、フーコー読解が時代によって大きく変化していきます。外在主義からの批判を浴びる。ブルデューの社会学やドゥブレのメディオロジー、技術論などによって、「技術の問いがないではないか」とか、「メディアの問いがないではないか」、「社会とのトラフィック〔交通〕の関係がないではないか」、こういう議論ですね。ところが、六〇年代はむしろマルクス主義や物質の理論とどう差異化していくか、ディスクールを純化していくことに関心と動機が働いていましたから、およそ外在主義の配置とは異なる。このあたりはたいへん面白いところですが、言語学の文体概念とどう違うのか、チョムスキー文法とどう違うのか。ウィトゲンシュタイン及びオックスフォード学派どとう違うのか、それを理解しようと企図していた。年譜にもエノンセとディスクールについて、「今朝、やっと定義が見つかった」と書いてあります。

六〇年代に切り捨てられたものがこの「エノンセ・ショーズ」と言ってもいい。方法的な純化が当時は考えられていたから、もう一方にあったモノの理論をその後メディオロジーや社会学などが追求した。これらの仕事はどう見てもエノンセ・ショーズの延長上にありますね。この部分が当時は見えなかったのです。

渡辺　それは、『言葉と物』が「表象」のシステム——つまり、今の話で言えば「エノンセ・エヴェヌマン」——の分析で「古典主義の時代」と「近代性の時代」の二大結節を書いた。しかし『監獄の誕生』、『性の歴史』による「転換」は、表象を産み出す「装置 dispositif」の分析へと移ったことです。その社会的制度ともなり得る「装置」こそ、『知の考古学』が切り捨てた「エノンセ・ショーズ」の典型ではありませんか。

同時代批判——普遍的アーカイヴの時代

石田　そのとおりです。『知の考古学』のプレオリジナルの中で、もう一つ指摘したいことがあります。フーコーの禁欲主義とも言えるものですが、同時代のことは書かない。実際にはかなり書いているのに消してしまうのですが。プレオリジナルは「なぜ言説の理論がいま必要なのか？」という問いを位置づける試みですが、三つあげている理由の最後に、「二十世紀は一般化した言説性の時代」だと言うのです。「二十世紀の文化を特徴づける大変化があって、それは普遍的アルシーヴの組織だ」と書いている。「それについてはそれほど確信があるわけではないけれど、多くの徴候からしてそうではないかと私には思われる。私たちが同時代人として立ち会っている大変化を大雑把に言えば」——ここで「私たち」というのは二十世紀を生きてきた人たち——「この大変化を一言で特徴づけるとすれば、普遍的アーカイヴの組織。私たちは全ての言われたことを思うがままに保存し、全てを言われたことであるかのように理解するような科学的技術的制度的なシステムを自分たちに与えようと努めている。私たちは一つの言語を、メッセージの形式的な成立条件を分析し、最も経済的で有効なコードを発動している。自然のプロセスの中にも情報に特有なメカニズムを発見しようとする」――ここでは、生命科学を読み込んでいます。さらに続けて――、「私たちは巨大な言説的ネットワークを、私たちの周囲全体に作ったり発見したりしている。私たちはその巨大な言説のネットワークから語るのであり、私たちの言説はたえずそこから発して繰り広げられ増殖している」、つまり、私たちはネットワークの中の存在だと主張しているわけです。まさにインターネットの話。「一般化した言説性の時代に生きている存在なのだという認識があるから、自分はアルシーヴを研究しているのだ、言説の理論を求めているのだ、と続くのです。

フーコーは生前、こういうことを発表していない。プレオリジナルにあたることで、同時代をどう診断していたかということが、極めて正確に読み取れる。我々が生きている世界をどう見ていたか、文字通りに確認できるのです。だとすると、フーコーはアルケオロジーを「アルシーヴ学」と捉えているのですが、現在我々を取り巻くネットワーク社会や情報化社会を説明する理論でもある。非常にアクチュアリティがありますね。フーコーの読み直し、フーコーの射程が改めて浮かび上がる次第です。

渡辺　それこそこの対談の主題ですね。

石田　言葉の翻訳の問題もあるのですが、言語の問いの枠組の変化も大きいと思います。フランスの構造主義あるいはポスト構造主義が登場して以降、一九六〇年代に問われていた言語の問いは、いま情報学や言語情報の分野に引き継がれています。例えば「言葉と物」という問題——要するに『知の考古学』の整理ですが、言語活動の存在機能を明らかにする。fonction d'existence と言っています。エノンセの機能とは、言語活動の存在に関わっているのだ、と言っている。つまり、ある時代においてなにかが言われたり書かれたりすることの存在の仕方、それはどういうことなのか、という問いです。人工知能やコンピュータであれば、この問題がより明確になる。人工言語におけるオントロジー ontology です。ある概念がその分野、その時代においてどんなあり方をしているか、形式化して理解しようとする試みなのですが、それが今日非常に重要な問題を提起している。それができないとコンピュータで扱えるものは非常に限定されてしまう。

いま情報学者たちが血道をあげているオントロジーの問題を、フーコーは『言葉と物』の中で、ある時代における言表が存在しているシステムを系として描き出し、モデル化した。それがエピステーメーです。インターネットにおけるアーカイヴ（仏語ではアルシーヴ）に関係しますが、検索エンジンで知識を調べるときに何が起こっているか、という問題がある。検索エンジンは、フーコー的に言えば言表を探している。しかし、言表を記号の出来事としてとらえようとしているのか、モノとして検索しているのか。両義的なところで検索エンジンは働いているわけですね。モノでもあり出来事でもある「言表」を探すのが検索エンジンの役割で、そうするとフーコーの言表-出来事、言表-モノという概念はおおいに役立つ。今後のフーコーの使用法の可能性をつくりだす、再利用できる視点や概念がまだまだありそうな気がします。

渡辺　最初に私が留学したころ（一九五六年）のソルボンヌでは、一般言語学などという講義はない。あるのはフランス語文献学 philologie françaiseでしたから、文献学と一般言語学が違うということは、バルトやフーコーが最初に来日した七〇年前後の日本では、情けないことにまだ自明でなかった。日本におけるソシュール受容の失敗、遅れも関係している。

石田　この三十数年、いわゆる文化系の学問のある分野は相当程度やれることはやり尽くした感があります。人文科学において、全面的に刷新するような可能性はあまりないかもしれない。それを別の用語、情報学の用語で書き換えて、生命科学的に別のパラダイムで研究していくという潮流は生まれているのですが。

知識人のポジションが、サルトル的普遍的知識人か、特定的spécifique知識人かという問題とオーバーラップしています。最近は産学連携などが盛んにもてはやされ、知識社会などと叫ばれ、特定的知識人が体制にとりこまれているのではないかという批判もありますし、そのことについて危惧の声も聞かれる。普遍的知識人を再度召喚しようじゃないかという話も出てくる。渡辺先生だけでなく蓮實重彦先生もそうですが、特定知識人の思想を扱った方は、おしなべて大学のポストを得ている。大学改革の中に位置づけられるという翻訳関係があるのです。それに対して、オピニオン・リーダーは、メディア・アクター化します。

渡辺　この「哲学の舞台」の時代は、すごい物書きが大学の先生でもあった最後の時期で、フーコー自身も、「近頃の若者は、みんな大学に残らずにジャーナリストになりがたる」とこぼしていたことがあります。マスコミ――テレビであれ、活字であれ――に行ったほうが発言力があると思っている人が多いのですから。

石田　知識人と権力の話を続けると、フーコーとドゥルーズの対話がありますね（『知識人と権力』ジル・ドゥルーズとの対話、一九七二年三月四日、蓮實重彦訳、『思考集成Ⅳ』所収）。フーコーが自らの権力論を実践化する際に、監獄を対象にしたことと近い問題があります。いまから考えると、六〇年代以降、資本主義のあり方と知識の関係が大きく変化した。いわゆるポストフォーディズムとか知識社会の問題です。知識が研究開発と直結し、同時に経済と直結する、そういう時代に入ってくるのがポスト産業社会と言われる一九八〇年代です。それからさらに二〇年、現在は産学連携をキーワードにし、大学を社会的有用性をもった組織として位置づけようと躍起になっていますが、そうすると現代の学者はまさに特定のコンピテンスしかない人たちなので、そうした環境の中で、政策提言を積極的に行う御用学者が出てくる。これはフーコーの言う特定知識人とは区別すべき問題でしょう。まったく無関係かと言うと、そうでもないかもしれないのですが。

それに対してジャン＝ポール・サルトルの世代、あるいは先に言及したフーコー、ドゥルーズ対談の背景になっていたのは——工場やプロレタリアートと言っていたわけだから——、フォーディズム的・産業的な階級社会が社会認識のベースになっていた。その中で「特定知識人」を称揚している部分があった、しかも監獄運動の中で主張されたことだから、同時に権力論の応用でもあったことを意識したいですね。ここで注目したいのは、方法論や批判的実践としては時代をはみ出している、あるいは先駆けてしまっている。ところが批判の対象となったのはいまだクラシックな産業社会であった、というズレがあることです。

その後、当の踏み出した知は、時代の産業構造がポスト産業社会化する中で、取り込まれ回収されていった。そういう関係が知と経済社会にはあって、知識と権力を規定してきたのではないか。知識人（学者）と権力の関係が八〇年代以降は相当変化した。そういうメカニズムやダイナミズムに敏感に反応したのはチョムスキーです。チョムスキーはまさに産軍学複合体の只中にいる人ですから、産業と軍事と知の結びつきがよく見えている。そこで、自分の位置取りとは極端に違った、正義や政治的な理念を主張する、そういう選択をしているように見える。彼の政治的主張と生成文法は非常に対比的なポジショニングなのです（笑）。生成文法のただ中から、政治的理念的な形で正義を主張する力学。チョムスキーは普遍的な知識人に見えるけれども、実は知識社会の中に組み込まれた学者が行う政治的な社会の取り戻し方という側面がある。その点、フーコーやドゥルーズの特定知識人という主張は、むしろいまの社会――ポストフォーディズム的な社会において、批判を可能にするのは何か、どうしたら可能なのかを問うているのです。サルトル的なものとの対比、つまり産業社会における知識と社会のあり方という構図ではなくて、現在の知識や産業が一致して実現してしまった社会の中で、特定知識人である可能性や機制を問うているんじゃないでしょうか。

渡辺　それに、記憶違いでなければ、フーコーが特定の知識人という言い方をしたのは、当然サルトルが普遍的な知識人であったからでしょう。フーコーは、言説としてのみならず、現実の特定の政治構造の中で、サルトルのやっていることはまったく役に立たないと思った。例えばジュネ――ジュネも特定の知識人ですが――の場合、移民労働者の話が前面に出てきます。しかも、一般的に差別されている人を問題視したのではなく、ことさらにパレスチナ、ことさらにブラックパンサーに赴いた。ジュネはサルトルに非常に近かったし、理論的にはサルトルに負うところが多かったにしても、生活感覚によるのか天才と言うべきか、サルトルとは開きがあった。

フーコーに戻ると、『性の歴史』第一巻『知への意志』に出てくる権力論、あれは、権力というのは、抑圧したり排除したりするだけではなく、知の生産をするというような積極的な面があるから、元来好ましいものですよという話じゃない。権力と言えば国家権力、セックスと言えば抑圧、そういう通念はもはやまったく通用しない。より陰険なものは他にある。より陰険というか、取り込まれているものがたくさんあるから、それを逆手に取りましょうという話です。二点の間で差があるところには必ず権力が生じる——まるでマラルメの詩的宇宙ですが——と言ったりした。こういう文脈で私が好きなのは、やはり『汚辱列伝』です。これを読むとフーコーが「燃える」瞬間がわかる。なにか権力が——ここで権力というのは大文字の権力に近い——、がーっとかかってきたときに、フーコーはきわめて激しく反応するのではないか、と思うからです。彼はあの風貌で頭を守ろうという意識もなくデモに行っていたから、非常に無防備で、危なかった。パンゲに言わせると、パリ市警察の中には、とにかく絶対にフーコーを捕まえてぶちこもうという連中がいたらしい。したがって必ず彼は狙われる。それでヴォジラールの家などで会うと頭に絆創膏を貼ってるんだね。それでもデモに行くわけだ。同時に、共産党には反対するし、サルトルのことも相当ひどく言います。フーコーには、フーコーが絶対連帯しない知識人というのがいて、ある選別みたいなものがあるんじゃないでしょうか。それを前提にしたうえで『知への意志』の「権力は遍在する」という議論を読まなければならない。「大文字の権力はもはやなくなってしまったんですよ」という脳天気な話ではありません。

石田　私が思うには、フーコーの哲学としての問いは何だったのか、そろそろ考えるときではないでしょうか。一番典型的なのはカントの問題です。ニーチェだと文学的なものと共有されているから余り差異が見えませんが、フーコーの実践はクリティーク critique です。クリティークの非常に現代的な展開を、フーコーが作り出した。しかも学位副論文が示しているように、ニーチェとともにカントが重要なのです。「歴史的アプリオリ」にしても、矛盾した逆説的な言い方ですね。いわばそういう「哲学素 philosophème」をフーコーがどのように変形してきたか――それを幾つかの基本的なテーマ、例えば批判哲学をいかに書き換えたか、というかたちでこれから研究されるべきだと思いますね。そうすると、十八世紀、十九世紀のクラシックな哲学とフーコーのつきあわせも出来ていくでしょう。

事件と言説

渡辺　その「哲学素」の話は重要だと思いますが、先程からの議論の流れで、「事件」とはなにかということも考えておく必要があるでしょう。例えば十八世紀から十九世紀にかけてのいわゆるエピステーメー的な断絶というものは、何もそういうことを考えた人の頭のなかにだけ存在したわけではない。実際に、例えばフランス大革命が起きるということがある。ただし、「フランス大革命がありました」という事件性だけに眼を奪われていると、今度はそれを支えているところで起きている本当の事件性――当の変化をもたらした要因――がわからなくなる。フーコーの考えでは「事件」というものは、いくつか層になっている。一九六〇年代にはフェルナン・ブローデルを最も尊敬していたせいか、ブローデルの『地中海世界』が分析したように、非常に長いレンジの時間の流れと、非常に短いレンジの時間の流れがあって、事件性をどこに設定するかが大変重要だと言うわけです。

石田　出来事と言えば、やはり一九七〇年代ごろの日本の読者と、今の読者とのあいだには、後者に古典的な教養を想定できなくなっているという決定的な違いがあります。そういう読書状況では、「出来事」と言うと日本語英語の「イベント」だと思われてしまうかもしれず、注意が必要です。

要するに、その当時、「出来事」événementと言えば、構造か事件（出来事）かという二項対立が前提になっていました。構造主義のアポリア——大雑把に言えば、変化はどのように生じるか、それを構造主義は説明できず、理論的な欠陥・隘路だと言われた——が非常に強く意識されていて、それを「どのように解決すべきか」が問われていると、当時フーコーなどを読む人には共有されていた。だから、その文脈をつかめない読者が登場してきたのだから、前提に戻って説明し直さなければならない。

なにしろ、四〇数年を経た現代人はメディア化が進んだ世界に生きています。この世界では、いわゆるイベントは出来事（事件）の否定です。セルジュ・ダネーやレジス・ドゥブレが、ヴィジュアルとはイマージュの否定であると言う（レジス・ドゥブレ『イメージの生と死』西垣通監修、嶋崎正樹訳、NTT出版）。あるいは、テレビは映画の否定であるとも言います。一見、似ているけど違うものの認識が問題なのです。イベントでありヴィジュアルであるようなものが、全面的にメディア化された世界の中で流通する。しかし、そこでは出来事（事件）など起こらない。すべて既知のものの組み合わせです。イマージュというのは、君たちが考えているヴィジュアルとは違うんですよ、といまなら言わなければならないのでしょう。イマージュからトラジックなもの〔悲劇性〕を消去するとヴィジュアルになる。トラジックなものが出来事（事件）から消えるとイベントになってしまうわけです。

渡辺　六八年が事件だと言われるのはどういうことか。日本の学園闘争とパリの五月革命とで決定的に違うのは、好きでも嫌いでも共産党系をはじめとして労組がゼネストを打ったということですね。それこそすべてのメディアが止まってしまった。ラジオ・リュクサンブールというラジオ局が一つだけ動いていて、ド・ゴールの演説すらもそれで聞くしかなかった。つまり、テレビが機能しなくなった。そういう意味では、あのときにもっとも使えたかもしれないメディアが機能しないという状況がまずあった。そうすると、これはバルトも書いているように、ド・ゴールの声を、みんなラジオを通じてバリケードの中で聞く。するとド・ゴールは神話力を回復してしまうのです。「ロンドンからあのアジテーションをした、ド・ゴールのフランス語」という感じがする。それで、何十万人規模かのド・ゴール支持のデモがあって、いきなりガソリンが配給されてゼネストが終わる。ところが六九年の東大の「安田砦」は、日本中がテレビで見ていた。それは文字通りスペクタークルであり、メディア化された社会だなと、私はパリにいて思ったわけです。パリはテレビが機能しなかったから、デモと機動隊が衝突する現場にいかないと見えない。何が起きているか現場でしか確認できない。あの時は、ベトナム和平会議で世界中のマスコミがパリに集まっていたし、当然報道のカメラマンも総動員だった。しかし、最も「デモ馴れ」していたのは日本のカメラマンで、彼らは火炎瓶が投げつけられて爆発したところへ飛び込んで撮りまくる。他国のカメラマンは、ぱっと逃げてしまう局面です。その結果、イメージとしてのパリのバリケードは日本にいる人のほうが見ていたと思う。それは帰国してから芝居の中に使われているニュース映像を観てよくわかった。あんな映像はパリでは観ることができなかったですからね。映像のほうが虚構性が強いという見本です。映像で共有される経験は、事件性（出来事）とは正反対と言ってもいい。イベントとイベントの否定としての出来事、その違いに意識的でありたい、ということです。

例のギー・ドゥボール『スペクタクルの社会』（木下誠訳、ちくま文庫、二〇〇三年）は、当時評判になりそうな本でしたが、五月革命の「祝祭性」は全然違った。私は、いわゆる「正常化」の最中に日本に帰ってきたのですが、この本はむしろ日本に当てはまると思いました。メディア論のお蔭で四十年後に陽の目を見ているらしい本ですが。

石田　要するに、世界はボードリヤール化、つまりスペクタークル化している。だから、フーコーのようなトラジックなもの（出来事、事件）は忘れ去られているのでしょう。この点は現在の日本の読者には理解しづらいかもしれない。

ポスト・ヒューマン時代のフーコー

石田　情報テクノロジーの進展と手を携えた管理社会的な体制が整備されつつあるなかで、フーコーをどのように読み直し活用するのかという点に移りましょう。例えば『言葉と物』では、カントの経験的＝先験的〔超越論的〕二重体 empirico-transcendental いう概念があります。要は近代的な人間概念を指します。「われわれの近代性の発端は、人々が人間の研究に客観的手法を適用しようと欲したときではなく、《人間》とよばれる経験的＝先験的二重体がつくりだされた日に位置づけられるからである」（邦訳三三八頁）というわけです。もう少し引用してみます。「分析の場所が、もはや表象ではなく、有限性のうちにある人間となったいまでは、問題は、認識の諸条件を認識のうちにあたえられている経験的諸内容から出発してあきらかにすることなのである」（同前）。このような配分あるいは分割というものが成立しなくなっていくのが近代の切れ目なのだ、とフーコーは言います。人間の終焉というテーマがここから導き出される。人間に代わるものとして言語が前景化してくるというのが、近代のもう一つの縁《へり》である。それ以降どうなったか。二十世紀の初頭くらい、つまり、ソシュールやフロイト、あるいはフッサールの現象学までは、フーコー的には『言葉と物』で見通しが立つ。それ以降のまさに二十世紀の「普遍的アルシーヴ」「一般化された言説性の時代」という〔『知の考古学』プレオリジナルにおける〕認識とこの問題は重なります。情報哲学の文脈で言うと、これは「ポスト・ヒューマン」と呼ばれる問題で、ポスト・ヒューマン的な状況が一般化した二十一世紀初頭において、フーコーはどのように読まれるべきかという問いだと思うのですね。

いくつかの手がかりはあって、バイオメトリックス〔生体認証〕に典型的な生の管理、これはまさに生-権力の問題です。『ホモ・サケル』や『アウシュヴィッツの残りのもの』を書いたジョルジョ・アガンベン、パリ第八大学のアラン・ブロッサの関心もそこにある。ポスト・ヒューマン状況における生-権力 bio-pouvoir とはどういうものなのか、あるいは生-政治 bio-politique というものが実際に成立してきたなかでどう使われているか。ポスト・フーコー的な権力論の潮流がある。

問題は、ポスト・ヒューマン状況において主体化はどのように成立するのかということです。一つは、「癒し系」の使用法がある。『自己の技法』は、そのように読まれている。要するに、生-権力がどんどん数理化していく、あるいはメディカリゼーションを起こしていく。ドゥルーズが述べたように、かつて近代を特徴づけた「一望監視型」の規律訓練型権力に代わって、コントロール社会 société de contrôle がいまや現実となっています。一例を挙げれば、心理的な問題を医療技術の対象にしようという傾向。そういう生-権力の制覇がある。それに対する代償として、まさに経験的＝先験的〔超越論的〕二重体が再来しているのです。「経験的」に対応するのが医療化《メディカリゼーション》で、「先験的〔超越論的〕」の方は心構えのようなことに縮減されて、癒しが成立する。

先に「カリフォルニア・フーコー」の話題で問題にしたことですが、晩年の「性の歴史」第三巻『自己への配慮』や第四巻『自己の技法』がこのような文脈で読まれていくと、フーコーは「癒し系の哲学」として消費されていくということです。私はそれはやはり違うと思う。「問題化」problématisaion とか、「主体化」subjectivation が、そんな読まれ方をしてしまうと、むしろポスト・ヒューマン状況の中における、ある種の「生－人間」的なものの代償行為になってしまう。それはフーコーの本意ではなかったでしょう。

では、そこにどんなブレークスルーがあるかということですが、一つは二十世紀は、フーコーが語らなかった一世紀だということです。二十世紀におけるテクニックとかテクノロジーをもう少し考えてみる必要があるでしょう。ドゥルーズ的なテクノロジー論もあるし、デリダ的なテクノロジー論も盛んに行なわれていますが、それではフーコーがテクニック（あるいはテクノロジー）と言う場合の、テクネー概念は、どういう含意なのかということです。これは身体論と結びつくはずです。つまり、テクニックの問いをフーコーに問う。

もう一つは、先のエノンセ－ショーズの話にかかわるのですが、同様にそれがテクノロジーになるためには、情報――まさにバイオ・メトリクスですが――がコード化される必要がある。フーコーの言い方を参照すれば、あらゆるところにコードを読むという文明におけるテクノロジーの問題、つまり数理化した技術としてのテクノロジーという問題をフーコー的にとらえかえした場合、どのような可能性があるのかを考える。

私は、『知の考古学』のアーカイヴ（＝アルシーヴ）学はそのような可能性を秘めていると思っています。「エノンセ－ショーズ／エノンセ－エヴェヌマン」の問題は、経験的＝先験的〔超越論的〕二重体の問いでもあるのです。エヴェヌマンのほうは、先験的〔超越論的〕な問いとして、内在の視点に立ったときに言説はどういう出来事なのか、あるいは言表はどういう出来事かという問いですし、エノンセ－ショーズのほうはむしろ経験的な問題という側面を持っている。モノとしてどういう形を持っているかということです。

それは後の情報技術が扱っている問題にも転用可能なはずです。特にITのようなものは、モノを扱っていると同時に、記号を扱っている。ITとは、記号技術がモノを扱えるようになったから進歩した。つまり、モノとして扱えるようになるという発明によって、記号を載せることができ、また大量に処理できるようになったのがITです。モノという側面と出来事という側面とがあいまって動いている。だから、モノの問いを立てないと記号テクノロジーの問いは立たないのですね。だからモノの問いを立てることで、もう一度逆に先験的〔超越論的〕な――カント的な分割からいえば先験的〔超越論的〕な――問いを立てることができるようになる。ところが現代は、この先験的〔超越論的〕な問いが無意識化され、テクノロジーによって遮断される世界に生きている。メディカリゼーション〔医療化、薬漬け〕が恰好の例を提供してくれます。睡眠薬も同様で、超越論的な問いを封じ込めるために睡眠薬を飲むわけです。

渡辺　誰かに聞かせてやりたいような話ですね（笑）。

石田　そうして、存在論的な問いを絶つことがいろいろなレヴェルで配備されている、そのような環境に生きることになったというのがポストヒューマン的な現状です。であれば、内在的な意味の問いというか、超越論的な問いを取り戻すことからしか主体化は起こらないと思うのです。その問い自体が分散dispersé しているという状態にどんどん追い込まれて行って、社会についての問いがなかなか立たなくなってきています。もう一度テクノロジーを問うことによって、超越論的な問い、存在論的な問い、まさに主体化の問いをとらえなおすという回路を哲学はやはり取り戻すべきなので、そういうフーコーの使い方を現代は必要としているのだと思うのです。だから、『言葉と物』から現在にふさわしく問いをスライドさせることはできるはずだし、ポスト・ヒューマン的な状況において、人間が消え去った後で、主体化の問いとはなにか、クリティック〔批判的な行為〕とはどういうことなのか、それがまさに問われる。

渡辺　言語情報学者にとってのフーコーというのは、よくわかりました。

石田　そうした困難な状況を象徴する具体例としては、「2ちゃんねる」があります。あれはアディクション〔中毒、嗜僻〕みたいなものです。ITだから可能になっている。クラスター型のスレッド・システムで社会を微分化していく。そういう技術が生まれたことによって、そのなかにみんなが閉じ込められるという構造になっているわけです。すべてを微分化していくから、各人の意見が非常に細かいところで差異化されるソートの仕方になってしまう。このような状況を、システムそのものがつくりだしている。IRCAMの所長をやった後、今年からポンピドゥー・センターに移ったベルナール・スティグレールが言っているように、人間の総合を崩していく、あるいは自己の総合自体を、より下位のレヴェルに落とし込んでいくというか、ばらしていく。そういう機能を持ったインターフェイスが、社会の中に組み込まれたということです。その結果、人々がグループ化するようになって、個々のグループごとに非常に狭いオピニオンの中に分布するようになった。これこそ「2ちゃんねる」状況です。同時に、このスレッド・システムにマスメディア社会がリンクするようになりつつある――これが私の「テレビ国家論」(『世界』二〇〇六年六月号から連載)で論じようとしていることです。

では、こうした状況にどう対処するのか。なかなか難しいですが、先に触れた特定知識人の問題に関わります。現在、クリティカルなネットワークがいかにして可能なのか、と言い換えられます。「2ちゃんねる」の書き込みに対して「それは間違っている」と言っても言うだけ無駄、というのはサルトル的な知識人と同じで、当のシステム自体の中に組み込まれてしまっている。いくら一般的な普遍性を主張をしても、そんなものは力を及ぼすことができない状況だと思います。そうすると、あの頃やっていたことは、先に渡辺先生が『監獄の誕生』に言及されましたが、そういうところで出てきたネットワークは、その後どんなふうに進化していったのかということです。

現代の人間の存在の仕方では、普遍的な綜合《シンセシス》が不可能になっている――単独で考えるということができないので、勢いネットワーク型にならざるをえない。そこで渡辺先生に頼まれて放送大学の番組『現代思想の地平』(放送大学教育振興会、二〇〇五年)では、「roseau pensant ではなく、réseau pensant だ」(考える葦ではなく、考えるネットワークだ)と言ったのです。どのようにして考えるネットワークになるかということだと思うのです。人間、パスカル的な「考える葦」などではもはやなく、フランス語では一字違いの「考えるネットワーク réseau」になっている。どのように人間を据えなおすか。人間のポジショニングをどういうところにとるかということでしょう。考えるネットワークがどう結びついていくかという形の、対抗的ネットワークがなければクリティックは成立しない。そうするとフーコーが『監獄の誕生』で言っていたようなこと、つまり、それぞれは限局されたネットワークのなかで問われている権力の問題ながら、それが別のマイノリティのネットワークと響き合うような形の運動体――そこにしか対抗手段が見出せないのではないかと言っていたことが、まさに現実のものとなりつつある。アントニオ・ネグリとマイケル・ハートが『〈帝国〉』で主張したことと同じです。結局、彼らの「マルチチュード」は、フーコーやドゥルーズ直系のオルタナティブの政治思考なので、おおいに関係してくる箇所でしょう。

主体という問題系

渡辺　ここでもう一度、フーコーについて非常に素朴な確認をしておきます。『臨床医学の誕生』や『狂気の歴史』のときからすでに、副論文のカントにもかかわらず、フーコーの哲学的なスタンス、あるいは問題形成にいつも変わらぬものとしてあるのは、超越論的な主体は自明ではないということでしょう。超越論的な主体を疑うことから始めるということはフーコーは何度も言っているし事実そうだと思う。例えば、狂人の成立というのは、まさに主体が否定されてしまうステータスがどのように成立するのか、それを主として医学のみならず、社会的な制度化とか排除の原則として立てていくわけです。

『言葉と物』の場合にも、古典主義の時代、つまり「記号の時代」にあっては、「私は表象する、したがって私は存在する」に等しいことが成立した。表象されてしまう、あるいは再帰動詞的に表象されるということがあり、同時に表象する主体という虚焦点はいつも想定されている。この虚焦点を突き動かす力の侵入が近代性の出現であるという話だった。

『監獄の誕生』以降の処罰、特に規律の話になると、排除するとか否定するとか消し去るということではなくて、或る社会的なテクネー――ベンサムの一望監視装置《パノプティコン》が典型ですが――、つまりテクノロジーが社会にとって有用な主体を生み出すという話です。

また『性の歴史』第一巻では、トポスとして選ばれたのが性現象だった。性現象をトポスとして立てることで、性現象をめぐる言説を産出し、かつそれを社会体にばらまくことで、主体が生成させられる。性的正常／異常という主体の分配《エコノミー》ができる。だから、この主体は、隷属 assujetrissement だ。『性の歴史』の第一巻まではそういうストーリーだったのです。

ただしフーコーは、主体というものが意味がないと言っているわけではなくて、サルトルを含めて先験的な主体にもたれかかっている西洋的な思考の持っているヒューマニズムの落とし穴を暴こうとしていたという戦略なのだと思います。従って順当に行けば『肉の告白』では、西洋近代における人間の主体が成立するのがカトリックの告解をはじめとして、肉の問題――あるいは肉にまつわる欲望の問題――をめぐる告白の言説を立て、告白を引き出すことで主体が成立する、それが、欲望の人間としての「西洋的人間」の主体のアルケオロジーになるはずだった。

しかし、第一巻以降の沈黙の間にフーコーは考え直したのだと思う。主体を隷属 assujetrissement とは違った角度から捉え直す。とは言っても、伝統的な超越論的主体に回帰することはできない。合理性も根拠とはならない。だから、古典古代の哲学に依拠しながら、「自己」を口にするようになった。しかも、moi〔私〕ではなく、soi〔自己〕と言う。『性の歴史』第一巻を出版して来日した折には、キリスト教的な告解の実践でありテクノロジー――精神分析までつながる西洋的な主体の成立のテクノロジーとは違うものはなにか、と考えていたに違いない。禅寺に行ったりしたのは、そういう要素もあったでしょう。

　禅において主体が成立するとはどういうことか、としきりに言っていた。それが彼にはわからない。バルトのように、「悟り」がわかったという顔などしないわけです（笑）。フーコーが広い意味での仏教に興味をもった理由を推測するに、一つには、僧院の中の組織とか宗教集団の組織、例の「牧人＝司祭型権力」と彼が言うものの実際の組織体、権力のあり方への関心――、あれはヨーロッパの発明ではなくて、東洋の発明であろうと言っている。東洋の発明をキリスト教が転用したのだろうと言うわけです。もう一つは、恐らくフーコーが「外部の思考」と呼ぶものに照応し得る宗教的実践に焦点はあった。これは「哲学の舞台」で、ワーグナーにおける「仏教的な誘引」について語っていることと付き合わせないといけないでしょう。私が理解しているところでは、自己というものを特権的な真空地帯として立ててしまったら、お話にならない。

　以上を前置きとして言いますが、先ほど石田さんが説明してくれた、IT化や情報ネットワークにおける主体という論点は、フーコーが生きていれば非常に重要な関心事になったでしょうね。もっとも、バルトの写真論『明るい部屋』がアナログ写真に終始したように、テクノロジー的な限界はあったかもしれないけれど。

ハイパー・フーコー、あるいは知のマトリクス

石田　一般的に言われていることですが、フランス哲学の系譜では科学哲学が主流です。バシュラールやカンギレムが代表的ですね。フーコーにとって、カンギレムは決定的な意味をもった人で、『知の考古学』を見ればわかるように、科学哲学

や科学史、つまり科学を対象にした哲学的言説の系譜の中にフーコーは位置しています。

渡辺　そもそも『狂気の歴史』がその典型例です。

石田　最近、スティグレールがよく言っていますが、科学哲学と比して技術哲学は常に継子《ままこ》扱いです。例えばドゥルーズ、フーコーと比べると、技術哲学を論じ、ドゥルーズが高く評価したシモンドンは圧倒的に知名度が低い。死後発見されたに過ぎない。科学哲学に陽が当たり、技術哲学はないがしろにされる。そういう伝統があります。その点、フーコーの仕事の射程を評価するには、技術、テクニック、テクノロジー、テクネー――これらの問題がどのように扱われたか、批判的に考察する必要があるでしょう。この点、あれだけ技術の問題を主題的に論じたハイデッガー、ハイデッガーを論じたデリダ、メディオロジーを論じているレジス・ドゥブレ――ドゥブレはルロワ＝グーランを介してデリダの「痕跡」に結びつきます――、こうした配置とフーコー的な言説を比較する意味はあると思うのです。

ところで私は、二十世紀の情報化以降のフーコーを「ハイパー・フーコー」と呼んでいます（笑）。フーコーをヴァージョン・アップして（つまりHyper-Foucault化して）考えると、現在起こっている問題をかなり説明できるし――通俗化を招く危険は当然あるわけですが――、フーコーの活用としては意味があると思っています。

先ほども言いましたが、一九六〇年代のフランス構造主義は一つの圧縮された知の転換期を形成し、やれることの極限まで追究し尽くした感がある。二十世紀で言えば、かろうじて比肩できるのはフランクフルト学派ですが、それよりもポテンシャルがある。六〇年代のフーコーの世代をある種の理論的マトリクスとして、そこからなにを引き出せるか、まさにアルシーヴとしてのフランス構造主義の使用法があると思うのです。

　ある時代の文化的ポテンシャルを一つのアーカイヴと見做す、そこからいろいろな知見を引き出してみる、それが人文科学の方法なのだというふうに、見方を変えると非常に意味があると思います。一九六〇年代と現代で、翻訳関係を作っていけば引き出せるものはたくさんある。それを時系列・リニアに捉えると、「昔のことだ。なにか新しいものがあるの？」という話になってしまう。まさにある意味で過去になりつつあることが現在に味方して、パラダイムとしての姿が非常によく見えてきたわけですから。


渡辺　先ほどインターテクスチュアリティとして読むと言ったのは、そういう意味です。いわゆる受容論のインターテクスチュアリティは、リニアな構造を空間化するということですが、必ずしも時間軸をたぐり寄せるのとは違う。同時代にあったconstellation——知の布置——をも相互照射していくと、双方がよくわかる、あるいは第三項が見えてくるのですね。

　とにかくどうしてもフーコーには敵わないと思うのは、あの徹底的な調べ方です。我々も商売上調べものはするのですが、比較にならない。しかもコンピュータで検索ができる時代ではなかったのですから、図書館や文書館に行って手写してくる。それこそとてつもなく分厚い本を何十冊読んだところで、あてが外れたらなんにもならない可能性だってある。あれはやはりすごい。しかも、「調べたから使わなきゃ損だ」という下司な考えがフーコーにはない。

　一頃はフーコーに会いたければＢＮ（国立図書館）へ行けばいいと言われていたし、事実、ＢＮで調べ物をしていると後ろから寄って来て、「仕事は進んでいるかね」などと話しかけてきて、そのままリシュリユー通りのカフェでおしゃべりをして、お互い一息入れるということはよくあった。

石田　人間に可能な限界でしょうね。フーコーという検索エンジンが、時代をブラウズしていると言っていい。古典主義時代から近代までをスキャンして（笑）、それでなにが見えたか、どういう力線があるかを見据え、スキームを作っていくわけです。

これを今に引きつけて考えると、一人の人間が処理できる可能性と、情報技術の潜在的な可能性──例えばGoogleが世界の図書館の蔵書を全部スキャンする計画などが有名でしょうが──、このふたつはいったいなにが違うのか、ということです。人工知能の問題もまったく同じです。悪くすると、先ほどの「2ちゃんねる」の話と一緒で、テクノロジー・ベースの検索システムには非常に大きなリスクがある。つまり、それぞれの時代や文化のオントロジーが書けないことです。オントロジーがないまま、検索者の依拠している数理的なアプリオリのなかにすべてを再配置してしまうという問題がある。過去が読めなくなる、あるいは、その固有の歴史性がわからなくなる、そういうことが起ってくるわけです。ＩＴが学問を進化させることにはならず、むしろ歴史的なパースペクティブを喪失し──歴史がその意味で終わってしまう──、単なるデータとしてのアルシーヴになりかねない。それに対抗するためには、フーコーのような人間ブラウザ──極めて強力な対抗理念──を解明することが役に立つはずです。

渡辺　アレキサンドリアの図書館は燃上しなければなかったのだから、オントロジー抜きの、単なるデータとしてのアルシーヴも、一度破壊されなければならないのかもしれませんね。

2006. 5. 2-3

増補改訂版あとがき

一九七〇年に次ぐミシェル・フーコー二度目の来日は、一九七八年四月から五月にかけてであり、その際にフーコーと行なった対談やフーコーの講演、さらに私の読解を中心に編んだ『哲学の舞台』(初版)が刊行されたのは、その年の七月末であった。事件と言説のこのような臨場感は、ことがミシェル・フーコーという二十世紀後半の最も重要な哲学者に関わるだけに、強調してしすぎることはあるまい。そこには当然、当時の雑誌『エピステーメー』と「エピステーメー叢書」の編集長であった故中野幹隆氏のエディターとしての集中度が想像できるというものだ。それは、フーコーの言説をその同時代性において伝えようとするばかりでなく、まさに同時的な「言説の事件」として書物に残そうという情熱の表われであった。

あれから二十九年経った今、初版『哲学の舞台』はそのような同時性と同時代性の証言として再版されてもよいと、著者の一人としても考えた。しかし、この間に経過した時間の長さと、フーコー自身、さらにその言説をめぐって起きた多様な事件を考えるとき、二〇〇七年にフーコーを読み直すとはどういう作業なのかを問い直す必要があることは言うまでもなかろう。

本書の巻末に解題として加えた対談のお相手を務めていただいた石田英敬氏は、現代における言語情報の専門家として、フーコーの著作と思考に親しんですでに久しく、現代日本における「フーコー読み」としては最も刺戟的な研究に従事しておられる。氏は、私が蓮實重彦氏と共に監修を務めた『ミシェル・フーコー思考集成』（全十巻）、そして『フーコー・コレクション』（全六巻、ともに筑摩書房刊）の編者であり、後者の第五巻・第六巻に示唆に富む解題を書いておられる。特に注目したいのは、フーコーの遺産相続人であるダニエル・ドゥフェール氏の特別の許可を得て、国立図書館に寄贈されている『知の考古学』のプレ・オリジナル版を読んで、フーコーの「アーカイヴ」の隠された拡がりと、フーコー研究の「コーパス」の不可避的な拡大とに鋭い洞察を示し、『知の考古学』を『アーカイヴの学』と読み替えたことである。石田英敬氏による最も新しい「フーコーの読み」の一端を、ここに加えることができたことは、私としても大変嬉しい。

こうして、一九七八年のフーコー理解と二〇〇七年のフーコー読解とを付き合わせてみることは、『哲学の舞台』の増補改訂版にふさわしいだろう。もっとも、私自身この間にフーコーについて書いた文章は少なからずあり、その中から時代をつなぐものとして、フーコーが亡くなった時に朝日新聞に書いた追悼文「快活な知」（一九八四年）、ドゥルーズの *Foucault* （Les Editions de Minuit, 1986）に刺戟されて、これも故中野幹隆氏編集の『フーコーの声』（哲学書房、一九八七年）のために書き下ろした「襞にそって襞を――フーコーの肖像のために」、さらにフーコー歿後二十年の年に書いた「見ること、身体――フーコーの『マネ論』をめぐって」（『Inter Communication』二〇〇五年冬号）の三篇を収録した。

この『哲学の舞台』（増補改訂版）が、新しい読者のためにも、ミシェル・フーコーの思考と言説への何らかの手引きになってくれれば嬉しいと思う。

なおこの本の校正段階で私が、ギラン・バレー症候群という全身の末梢神経が麻痺する奇病に冒されて文字通り動けなくなったため、校正の作業も病院のベッドでかろうじて行なったし、この「あとがき」も病室で口述筆記をした。そのようなのっぴきならぬ状況の中で、本書の刊行を実現してくれた朝日出版社の赤井茂樹氏にはお礼の言葉もない。また、石田英敬氏との二日間にわたる対談をまとめるにあたっては、若き哲学の徒、山本貴光氏と吉川浩満氏のお力を借りた。『思考集成』をコンパクトな『フーコー・コレクション』へと再編集するにあたって、本書収録のフーコーの講演や対談が重複しないようご配慮いただいた編者お三方（小林康夫氏、石田英敬氏、松浦寿輝氏）および筑摩書房に感謝したい。

二〇〇七年三月八日

築地明石町・聖路加国際病院にて

渡辺守章

初出一覧

哲学の舞台　『世界』一九七八年七月号
狂気と社会　『東京大学教養学部報』一九七〇年十一月二十日号
性的なるものをめぐって　『海』一九七七年三月号
〈性〉と権力　『現代思想』一九七八年七月号
政治の分析哲学　『朝日ジャーナル』一九七八年六月二日号

快活な知　『朝日新聞』（夕刊）一九八四年六月二十八日
襞にそって襞を　『フーコーの声』哲学書房、一九八七年
見ること、身体　『InterCommunication』NTT出版、二〇〇五年冬号
今、フーコーを読むとは　新規収録

Michel FOUCAULT:
- conférence donnée le 20 avril 1978 à l'Université de Tokyo
- conférence donnée le 27 avril 1978 dans la salle du Journal ASAHI de Tokyo
- conférence donnée le 7 octobre 1970 à l'Université de Tokyo
- entretien (organisé le 22 avril 1978) avec M. WATANABE

哲学の舞台　増補改訂版

２００7年5月25日　初版第1刷発行

著者　ミシェル・フーコー＋渡辺守章
装幀　吉野愛
編集協力　山本貴光　吉川浩満
編集　赤井茂樹　綾女欣伸（朝日出版社第2編集部）

発行者　原　雅久
発行所　株式会社朝日出版社
〒101-0065 東京都千代田区西神田 3-3-5
TEL. 03-3263-3321 / FAX. 03-5226-9599

印刷・製本　図書印刷株式会社

ISBN978-4-255-00390-0 C0010

MiND［マインド］
心の哲学

ジョン・R・サール［著］
山本貴光＋吉川浩満［訳］

哲学から心理学・生物学・脳科学に至るまで、多くの人の心をとらえて離さない最難問──「心とは何か」への、第一人者による魅惑的なイントロダクション。

定価：本体1,800円+税

“心の謎に関心を持つ人全てにとって、必読の文献。訳は正確で、読みやすい。注釈も充実している。”
──茂木健一郎氏

“哲学に関心のある一般読者は本書から哲学のおもしろさを必ずや感じ取ることができると思う。また、これから哲学を始めようという人には、本書は必読の入門書であること間違いない。”　──服部裕幸氏

20世紀

アルベール・ロビダ［著］

朝比奈弘治［訳］

知られざる未来予測のチャンピオン、120年ぶりに日本に上陸！　ジュール・ヴェルヌのライバルが今甦る。近未来のパリを描いた300点を超える挿画をふくめ、原典初版本（1883年刊）を完全復刻。

定価：本体3,200円＋税

“19世紀には、もうひとつのSF全盛期があった！ターゲットは20世紀、その中心地はフランス。まるでシャンソンのように小粋で、ほろ苦いフランスSFにあって、ジュール・ヴェルヌと覇を競った諷刺まんが家アルベール・ロビダの描く「なつかしの20世紀」に心ゆくまで酔いしれる！”

——荒俣宏氏

“ロビダは本物だ！　未来を一流のエスプリによって予言した知の開拓者。その魅力的な絵と文章を抱きしめて、私たちの輝く「これから」を取り戻そう！”

——茂木健一郎氏